KB069939

# how to
# invest in art?

아트테크
바이블

# 아트테크 바이블

**초판 1쇄 인쇄** 2023년 4월 27일
**초판 1쇄 발행** 2023년 5월 9일

**지은이** 이지영
**펴낸이** 김선식

**경영총괄** 김은영
**편집인** 박경순  **유영편집팀** 문해림
**편집관리팀** 조세현, 백설희  **저작권팀** 한승빈, 이슬
**마케팅본부장** 권장규  **마케팅3팀** 권오권, 배한진
**미디어홍보본부장** 정명찬  **브랜드관리팀** 안지혜, 오수미
**크리에이티브팀** 임유나, 박지수, 변승주, 김화정
**뉴미디어팀** 김민정, 이지은, 홍수경, 서가을
**지식교양팀** 이수인, 염아라, 석찬미, 김혜원, 백지은
**디자인파트** 김은지, 이소영  **유튜브파트** 송현석, 박장미
**재무관리팀** 하미선, 윤이경, 김재경, 안혜선, 이보람
**인사총무팀** 강미숙, 김혜진, 지석배, 박예찬, 황종원
**제작관리팀** 이소현, 최완규, 이지우, 김소영, 김진경, 양지환
**물류관리팀** 김형기, 김선진, 한유현, 전태환, 전태연, 양문현, 최창우
**외주스태프 교정교열** 공순례  **디자인** 강경신

**펴낸곳** 다산북스  **출판등록** 2005년 12월 23일 제313-2005-00277호
**주소** 경기도 파주시 회동길 490
**전화번호** 02-704-1724
**홈페이지** www.dasan.group
**이메일** kspark@dasanimprint.com
**인쇄·제본코팅 및 후가공** 한영문화사  **용지** 아이피피  **코팅 및 후가공** 제이오엘엔피
**ISBN** 979-11-306-9934-9 (03320)

# how to invest in art?

개인의 취향을 넘어 완벽한 투자를 위한
# 아트테크 바이블

이지영 지음

**일러두기**

- 인명과 지명 등의 외래어는 국립국어원의 외래어 표기를 따르는 것을 기본으로 하되, 일부는 관용에 따라 예외를 두었습니다.
- 작품 제목과 잡지명은 〈 〉, 도서명은 《 》로 표시했습니다.
- 작품 정보는 작가명, 제목, 연도 순으로 기재했습니다.

미술품을 컬렉션하는 이유는 저마다 다릅니다. 자산 관리나 부의 증식을 목적으로 하는 사람도 있고, 심미적 쾌락과 정서적 위안에 의미를 두는 사람도 있습니다. 또 누군가에게는 자신이 속한 사회나 속하고 싶어 하는 사회에 어울리기 위한 수단이 되기도 하고, 자신을 과시하거나 표현하기 위한 상징이 되기도 하죠. 미술품을 컬렉션함으로써 소유욕을 충족할 뿐만 아니라 문화 수호가나 예술 후원가가 되고 싶어 하는 사람도 있습니다.

 물론 컬렉션을 하는 이유가 꼭 한 가지일 필요는 없습니다. 실제 대부분의 컬렉터는 정서적 측면과 경제적 측면 모두를 고려합니다. 이 말은 곧 개인의 컬렉션이 보편적인 공감대를 형성해야 한다는 뜻입니다. 사람들 저마다의 개성만큼 제각각일 것 같은 미적 취향에 객관적 동질성이 존재한다는 얘기죠. 미술 시장 참여자들에게 성공적인 컬렉션이란 대체로 엇비슷해서 개인별로 주된 이유는 다를지라도 궁극적으로 성공적인 컬렉션 리스트에는 큰 차이가 없다는 의미이기도 합니다. 그러므로 개인의 미적 취향이 미술 시장에서 동일 정서를 얻게 되는 과정을 이해한다면, 컬렉션에 실패할 확률을 줄일 수 있습니다.

그렇다면 미술품 컬렉팅 과정에서 실수는 어떤 경우에 일어날까요? 기본적으로 미술 시장의 특성을 잘 이해하지 못하고 뛰어들었을 때 생깁니다. 미술품 컬렉션을 처음 시작하는 사람들이 가장 흔히 저지르는 실수가 미술 시장을 자신에게 익숙한 주식이나 부동산 또는 명품 시장과 동일한 방법으로 접근하는 것입니다. 미술품을 사치품으로 간주하는 사람이라면 미술 시장을 명품 시장과 비교할 것이고, 재테크 관점에서 바라보는 사람이라면 주식 또는 부동산 시장과 비교하겠지요. 단적인 예로 미술품을 자신의 취향이나 사회적 지위 또는 소비 수준에 맞게 쇼핑한다고 생각하는 사람은 미술품을 사치품의 일종으로 본 것이고, 미술품을 재산으로 바라보는 사람은 주식이나 부동산 같은 투자 대상으로 본 것입니다. 물론 미술품에는 명품의 특성도 있고, 부동산이나 주식의 특성도 있습니다. 예를 들어 미술품은 명품처럼 실용적 가치보다는 상징적 가치가 중요합니다. 그리고 시장의 방향에 맞게 컬렉션한 미술품은 부를 보존하거나 증식까지도 할 수 있다는 점에서 주식, 부동산 같은 투자 시장과 공통점이 있습니다.

그러나 미술 시장은 크게 세 가지 이유로 이들 시장과 구분됩니다. 첫 번째는 미술품이 가지는 고유한 특성입니다. 미술품은 삶의 본질에 관한 창작자의 고뇌와 열정 그리고 창의력의 집합물이라는 점에서 명품, 주식, 부동산과 구별됩니다. 인간의 감정과 생각이 응축된 결과물인 만큼 예술가의 손을 떠나 시장에 유입된 작품이라도 거래되는 과정에서 예술가와 미술품을 완전히 분리해 판단할 수 없습니다. 두 번째는 미술 시장은 개인의 미적 취향과 투자가 결합한 시장이라는 점입니다. 그리고 마지막으로 미술 시장의 구조와 메커니즘이 여타 시장과 다르다는 점입니다.

지난 20년 동안 미술 시장에서 큐레이터로, 아트 딜러로 일해왔습니다. 그 과정에서 실제 미술 시장의 불황이나 호황과 상관없이 꾸준히 성공적인 컬렉팅으로 즐거움을 만끽하는 노련하고 현명한 컬렉터들을 알게 됐고, 이들에게서 공통점을 발견했습니다. 우선 이들은 미술 시장이 명품이나 주식, 부동산 시장과 성격이 다르다는 점을 인식하고 있으며 미술품의 속성, 미술 시장의 메커니즘을 잘 이해하고 있습니다. 그리고 시장의 분위기에 일희일비하지 않고 자신만의 컬렉팅 방향과 원칙을 고수합니다. 이런 관찰 결과를 바탕으로, 미술 시장에서 꾸준히 성공적인 컬렉팅을 하기 위해 꼭 알아야 하는 원칙들을 이야기해보고자 합니다.

이 책은 실제 미술 시장에서 만나는 컬렉터들이 궁금해하는 것 중 꼭 알아야 하는 필수 지식, 실전에 활용할 수 있는 유용한 정보들을 최대한 자세하게 설명하는 데 주력했습니다. 생경한 미술 시장을 좀 더 쉽게 이해할 수 있도록 본문 중간중간에 미술 시장과 관련한 부가적인 읽을거리와 자료 사진, 그래프를 최대한 많이 담고자 노력했습니다. 현명한 아트 컬렉팅을 넘어 가치 있는 투자로 이어지길 바랍니다.

# 01     아트 컬렉션의 원칙

# 02 얼마부터 시작할 수 있을까?

# 03 미술 시장의 구조와 미술품 가격의 결정 요인

# 04 처음 하는 미술품 거래의 기술

# 05 글로벌 미술 시장 트렌드

# 01

## 아트
## 컬렉션의
## 원칙

# how to invest in art?

# 어떤 작품을
# 컬렉션해야 할까?

미술품 컬렉션은 어찌 보면 간단합니다. 소유하고 싶은 예술가의 작품을 찾은 다음, 예산이 허락하는 선에서 구입하는 것입니다. 사실 거창할 것도 어려울 것도 없습니다. 그럼에도 미술 시장에 있다 보면 종종 미술품 보는 안목을 고민하거나 어떤 작품을 컬렉션해야 할지 몰라 망설이는 이들을 만나게 됩니다.

"작품 보는 안목은 어떻게 키울 수 있을까요?"

"저는 선천적으로 미술품 보는 안목이 부족한데 과연 좋은 미술품을 컬렉션할 수 있을까요?"

"어떤 작품을 컬렉션해야 잘하는 걸까요?"

## 미술품을 보는 안목

이처럼 컬렉션이 어렵다고 느끼고 어떤 작품을 컬렉션해야 할지 고민하는 것은 자신의 선택과 취향이 오랫동안 유지되리라는 확신이 없을 뿐더러 자신의 컬렉션에 대한 타인의 평가에 얽매여 있기 때문입니다. 언제든 속절없이 변할 수 있는 게 개인의 취향이니까요. 꼭 갖고 싶었던 물건이고 몇 달에 걸쳐 어렵게 돈을 모아 구입한 것임에도, 금방 싫증이 나 어딘가에 처박아놓은 고가의 물건이 누구에게나 한두 개는 있을 것입니다. 이런 경험 탓에 컬렉션하는 미술품에도 그런 마음이 들까 봐 걱정이 되는 것입니다. 특히 미술품은 실용품도 소모품도 아니기 때문에 소장한 미술품의 진가에 대해서 어느 날 의구심이 들고 애착이 사라지면, 그 작품이 뿜어내던 아우라도 사라져 한낱 장식품에 불과하게 됩니다. 이를 해결하려면 작품을 되팔아야 합니다. 내가 소장한 작품을 창작한 예술가의 시장이 살아 있고 그 작품을 구입하고 싶어 하는 이가 있어 되팔 수 있다면 그나마 다행이겠지요. 그러나 내가 소장한 작품이 이미 시장이 없어져버린 예술가의 작품이라면, 더는 보관하기도 어렵고 처분하기도 어려운 애물단지가 되어버립니다.

안목을 고민하는 또 다른 이유는 미술 시장에서 누구나 찾는 작가가 되기 전에 그 예술가의 진가를 알아보고 남보다 먼저 그의 수작 또는 대표작을 좋은 가격에 구입하고 싶다는 욕심이 있기 때문입니다. 작품 선점은 부를 증식할 기회를 가져다줄 뿐만 아니라 사람들에게 탁월한 감식안의 소유자로 인정받는 성취감을 느끼게 해줍니다. 아마도 미술 시장에 갓 입문한 컬렉터들이 고민하는 안목은 자신의 선택에 대한 확신의 문제일 테고, 미술 시장에 경험치가 있는 컬렉터들이 고민하는 안목은 어떻게 하면 다른 이들이 알아보기 전에 시장이 원하는 작품을 선점할 수 있을까 하는 것이겠지요.

그렇다면 선천적으로 미술품 보는 안목을 타고날 수도 있는 걸까요? 컬렉터의 안목에 관하여 이야기하기에 앞서 예술가의 천부적 재능을 생각해보겠습니다. 이에 대해서는 사람마다 견해가 다르겠지만, 아마도 파블로 피카소Pablo Picasso라면 천부적인 재능의 소유자라는 데 대체로 이견이 없을 것입니다. 그는 이미 10대에 대가들 이상의 필력을 보여주었고, 예술가로서 활동하는 내내 보통 사람들이 생각하지 못하는 기발한 생각과 전위적인 표현력을 보여주었습니다. 그러나 우리가 기억하는 그의 천재성은 그의 화려한 필력이 아니라 그가 발전시킨 입체주의 양식입니다. 앞·뒤·옆면이 뒤틀린 그의 입체주의 작품 앞에서 모두가 아름다움을 느끼는 것은 아닙니다. 하지만 그가 입체주의 양식으로 미술사에 한 획을 긋고, 당대뿐만 아니라 후대 예술가들에게도 큰 영향을 주었다는 사실을 부인할 사람은 없을 것입니다.

그렇다면 예술가의 천부적 재능이라는 걸 어떤 기준에 따라 봐야 할까요? 예술가의 재능에 대한 기준은 시대를 초월해 동일할까요? 필력이 중요한 시기에는 필력이, 그리고 오늘날과 같이 콘셉트가 중요한 시기에는 기발한 아이디어가 재능의 기준이 될 것입니다. 즉 예술가의 천부적 재능을 평가하는 데 시대를 초월한 절대적 기준이라는 건 존재하지 않으며, 시대정신에 따라 변화한다는 점을 알 수 있습니다. 이와 더불어 예술가의 작품이 가지는 가치를 판단하는 데 예술가의 천부적 재능을 넘어 주목해야 하는 것이 있습니다. 바로, 작업에 대한 예술가의 끊임없는 노력과 열정입니다. 지금 미술계와 미술 시장에서 안정적인 블루칩 작가로 평가되는 대다수 예술가는 기본적으로 수십 년 동안 작품 활동을 해온 이들입니다. 미술계와 미술 시장에서 오래도록 생존하기 위해서는 천부적 재능 이상의 열정과 노력이 필요합니다. 아무리 시대가 요구하는 재능을 타고났다고 하더라도 창작 활동에 대한 예술가 자신의 끈기와 열정이 전제되지 않는다면 결국 잊히거나 사라집니다. 예술가 하면 선천적인 재능이 필수적일 거라 여겨지지만 그보다 더 중요한 것이 있습니다. 바로, 타고난 재능이 시대가 원하는 미의 기준에 부합하느냐 그리고 노력과 열정이 유지되느냐입니다.

생산자가 아닌 소비자, 즉 컬렉터의 관점으로 다시 돌아가 미술품의 가치를 판단하는 과정을 생각해봅시다. 일반적으로 어떤 대상에 가치를 부여할 때는 개인의 지적·사회적·경제적 욕구에 대한 만족도가 기준이 됩니다. 주관적이고 직관적인 촉에 의존할 것 같은 가치판단이 개인의 학습과 경험을 바탕으로 하며, 타인과의 상호작용 또는 타인과 합의된 보편적 판단에 영향을 받는다는 뜻입니다. 같은 예술가의 작품이라도 결과물이 모두 다르고, 가치를 평가하는 기준이 형이상학적인데다, 특히 투자 가치가 있는 대상이라면 컬렉터 입장에서 자신의 촉을 바탕으로 한 가치 판단에 확신을 갖기란 쉽지 않습니다. 그래서 더더욱 타인에게 인정받거나 공감받는 데 의존하여 가치를 판단하려고 합니다. 미술 시장 컬렉터 대부분이 보수적 성향을 띠는 것도 이 때문

피카소가 15세에 그린 작품 〈제1차 성찬식First Communion〉(1896)

피카소의 입체주의를 정립한 기념비적 작품
〈아비뇽의 처녀들Les Demoiselles d'Avignon〉(1907)

입니다. 나이, 컬렉션 기간, 성별을 불문하고 노련한 컬렉터든 초보 컬렉터든 미술 시장 접근 방식은 상당히 조심스럽고 보수적입니다. 이들은 새로운 작가나 생소한 예술가의 작품보다 이미 널리 알려져 미술관에서 전시가 되고 주요 갤러리가 프로모션하는 블루칩 예술가 또는 많은 컬렉터가 선호하는 예술가의 작품을 컬렉션하려고 합니다. 이때 드러나는 컬렉터의 개성이라곤 고미술을 선호하느냐 현대 미술을 선호하느냐, 구상을 좋아하느냐 추상을 좋아하느냐 정도입니다. 컬렉터 개인의 미적 취향이라는 것이 존재하는지조차도 의문이 드는 대목입니다. 어찌 보면 이들의 컬렉션 방향은 당연할지도 모릅니다. 나뿐만 아니라 남들도 알아주는 작품이어야 자신의 컬렉션을 인정받고 존중받을 수 있고, 그 작품을 시장에 내놓았을 때 사줄 사람이 존재하기 때문입니다.

미술 시장에서 유망한 예술가의 작품을 선점하는 능력은 사실 안목보다는 자신이 미술 시장에서 갖는 영향력이나 딜러와의 관계 그리고 작품을 제안받았을 때 얼마나 빠르게 구입 여부를 결정할 수 있느냐 하는 결단력에 달려 있습니다. 미술 시장과 네트워킹이 전혀 없거나 기존 컬렉터가 아닌 입문자에게는 시장이 이렇게 돌아간다는 사실이 가장 이해하기 어렵고 불공정해 보일 수 있습니다. 그러나 눈과 더불어 귀를 열고 발품을 팔면서 시장을 관찰하고 딜러들과 친분을 쌓는다면, 누구나 유망 예술가의 수작을 선점할 기회를 포착할 수 있습니다. 미술 시장은 다른 시장에 비해 유동성이 작고, 정보의 파생 속도가 느끼며, 미술품의 가치는 미래가 아니라 과거 예술가의 평가나 활동에 기반하기 때문에 인기 작가의 상승세는 최소 2~3년에서 길게는 수십 년, 심지어 영원할 수도 있습니다. 그러므로 컬렉션을 서두르거나 조바심을 내기보다는 미술 시장의 특징을 이해하고 천천히 시장에 합류하겠다는 여유가 필요합니다.

미술품을 컬렉션할 때는 개인의 주관적인 기호와 시장의 객관적인 선호도가 조화를 이루는 것이 중요합니다. 미술 시장에서 안목이란 시장의 보편성을 읽어내는 힘이고, 시장의 보편성에 따라 늦지 않은 타이밍에 작품을 컬렉션하는 결단력을 의미합니다. 이것은 자연스럽게 터득되거나 선천적인 재능이 아니라 후천적 노력으로 얻어지는 내공입니다.


## 개인의 취향만으로는 안 된다

한 인간의 열정과 철학, 독창적인 아이디어가 함축된 결과물이 예술이라는 점에서 모든 예술가의 작품은 가치가 있습니다. 그러나 한 예술가의 작품이 사회적으로 통용되는 미학적 가치와 시장 가치를 가지려면, 미술계 전문가들과 미술 시장 관계자들 그리고 컬렉터들과 전방위적인 공감대를 형성할 수 있어야 합니다. 다시 말해서 한 예술가의 영감으로 태어난 각각의 작품은 이들과 공감대를 형성할 때 비로소 예술품에 함축된 작가의 아이디어가 유일무이한 원본으로서의 아우라를 발산하며 미학적 가치와 상업적 가치를 부여받게 됩니다.

예술을 소비하는 컬렉터 입장에서 설명해도 마찬가지입니다. 어떤 예술가의 작품이 좋아서, 그냥 막연히 좋아서 그 작품을 구입했다면 그것만으로도 컬렉터 개인에게는 의미 있는 컬렉션입니다. 그러나 다른 사람과 공유하고 소통하기 위해 자신을 표현하는 것이 중요하고, 가격이 가치를 결정하는 자본주의 시대를 사는 오늘날에는 자신의 컬렉션이 타인에게 인정받고 소유한 작품의 가격이 상승해야 자신의 안목과 가치를 확신할 수 있으며 컬렉팅을 지속할 수 있습니다. 지극히 개인적인 취향이 아니라 타인의 인정과 소통이 미술품 컬렉션의 즐거움을 이어갈 수 있는 원동력이 되는 것입니다.

부동산이나 주식 시장에 참여하는 사람들의 궁극적인 목적은 단 하나, 자산 관리 또는 부의 증식입니다. 반면 미술품을 컬렉션하는 이들의 목적은 단순히 그림을 사고팔아 수익을 얻는 것이 전부가 아닙니다. 앞서도 언급했듯이 미술 시장에 참여하는 사람들의 목적은 다양합니다. 예술가 후원, 문화 수호, 사회 공헌 등과 같은 노블레스 오블리주를 실천하기 위해 컬렉션하는 이들도 있고, 미적 안목과 지위를 과시하고 자신이 원하는 커뮤니티와의 사회적 교류를 목적으로 컬렉션하는 이들도 있으며, 지극히 개인적인 심미적 쾌락이나 정서적 풍요로움을 향유하기 위해 컬렉션하는 이들도 있습니다. 목적이 이처럼 다양한 만큼 컬렉션하는 예술가 또는 미술품의 리스트도 다양해야 할 터인데,

실제 미술 시장에서 거래되는 작품들을 살펴보면 대다수 컬렉터가 선호하고 사고 싶어 하는 예술가와 미술품이 동일함을 발견할 수 있습니다. 이런 현상은 지극히 주관적일 것 같은 미술품 컬렉션에 객관성이 있음을 뜻하며, 미술품의 가치는 다수의 공감과 합의 그리고 가격으로 결정된다는 의미이기도 합니다. 컬렉션의 목적이 다름에도 이처럼 미적 취향이 보편화되는 이유는 무엇일까요?

## 가치 평가에 보편적인 기준이 존재한다

한국에서 문화 수호를 통한 노블레스 오블리주를 실천한 대표적 인물 하면 많은 사람이 간송 전형필을 떠올립니다. 조상 대대로 한양의 종로 상권을 장악해온 덕에 서울 최고의 부호 집안이었죠. 일제강점기에 전형필은 한국 주요 문화재가 일본으로 넘어가는 것을 막기 위해 사재를 털어 국보급 문화재와 예술품 약 1만 점을 수집했습니다. 그리고 한국 최초의 사립미술관인 간송미술관을 세웠습니다.

오늘날 그를 높이 평가하는 이유는 문화를 수호하기 위한 그의 피나는 노력도 있지만, 그가 수집한 예술품들이 역사적·문화적으로 어마어마한 가치를 지니기 때문입니다. 만약 일제강점기에 그가 수집한 예술품들이 지극히 개인적인 취향에 따른 것이었다면, 다시 말해 많은 사람이 잘 알지 못하는 예술가들의 작품이었다면 그의 컬렉션이 지금처럼 주목받을 수 있었을까요? 자신의 심미적 취향과 안목을 타인과 공유하고 싶다면 자신이 컬렉션한 작품들의 가치를 많은 사람이 알아

볼 수 있어야 합니다. 그리고 많은 사람이 그 가치를 알아볼 수 있다는 것은 미술품의 가치를 평가하는 데 보편적 기준이 존재한다는 의미이기도 합니다.

## 파워 컬렉터들 역시 다수의 합의를 따른다

1990년대 후반 전 세계 파워 컬렉터 다섯 명은 약속이나 한 것처럼 비슷한 시기에 제프 쿤스Jeff Koons의 〈풍선개Balloon Dog〉 시리즈를 구입했습니다. 이 시리즈는 제프 쿤스가 1994년부터 2000년 사이에 발표한 작품으로 당시 한화로 50억 원 정도에 거래됐습니다. 놀이동산이나 행사장에서 무료로 나누어주는 풍선개 모양을 한 이 작품은 크기가 '307.3 × 363.2 × 114.3cm'인 대형 철 조각입니다. 〈풍선개〉 시리즈는 블루, 진홍색, 노란색, 오렌지색, 빨간색으로 각각 하나씩 총 5개가 제작됐고, 작품은 완성되자마자 세계 톱 컬렉터들의 소장품으로 귀속됐습니다. 구체적으로 나열해보자면, 진홍색은 경매회사 크리스티Chriestie's와 피노 프랭탕 르두트Pinault Printemps Redoute 및 PPR 그룹(2013년에 사명을 케링Kering 그룹으로 변경함)을 소유한 프랑수아 피노François Pinault가, 블루는 미국 LA의 부동산 재벌이자 자선사업가 엘리 브로드Eli Broad가, 노란색은 미국의 헤지펀드 SAC 설립자 스티븐 A. 코언Steven A. Cohen이, 빨간색은 그리스 사업가 다키스 조안누Dakis Joannou가 구입했습니다. 그리고 오렌지색은 미국의 출판업자 피터 브랜트Peter Brandt가 소장하다가 2013년 크리스티에 내놓아 약 630억 원에 판매했습니다. 이처럼 당시

〈풍선개〉를 컬렉션한 이들은 모두 자신의 업계에서 성공한 사업가이자 지난 수십 년간 글로벌 그림 시장의 파워 컬렉터로 명성을 떨쳐온 인물들입니다. 왜 이들은 모두 비슷한 시기에 특정 작가의 동일한 작품을 소유하고 싶어 했을까요?

파워 컬렉터들의 컬렉션 리스트가 중복되는 것은 제프 쿤스의 〈풍선개〉 시리즈에만 국한되지 않습니다. 과거 앤디 워홀Andy Warhol의 〈마릴린Marilyn〉 시리즈도 많은 컬렉터가 소장하고 싶어 하는 작품이었습니다. 그중에서도 1964년에 제작된 다섯 점의 〈오렌지색 마릴린〉이 가장 인기가 많았습니다. 1998년 5월 이 중 한 점이 소더비Sotherby 뉴욕 경매에 출품됐는데, 이전 30년 동안 독일 다름슈타트의 란데스미술관과 프랑크푸르트 현대미술관Museum MMK für Moderne Kunst에서 소장한 이력이 있었습니다. 경매 추정가는 400만~600만 달러(한화로 약 53억~80억 원)였는데, 실제 경매에서는 치열한 경합 끝에 1,730만 달러(한화로 약 227억 원)에 익명의 응찰자가 낙찰을 받았습니다. 당시 이 경매에 응찰했던 컬렉터 중에는 뉴욕현대미술관MoMA, 런던 테이트미술관Tate Modern Museum, 피츠버그 워홀미술관Andy Warhol Museum 같은 전 세계 최고의 미술관들과 S. I. 뉴하우스S. I. Newhouse, 스티브 윈Steve Wynn 같은 슈퍼 컬렉터들이 있었습니다. 그리고 최근에도 〈오렌지색 마릴린〉이 비공개 프라이빗 거래로 익명의 헤지펀드 매니저에게 최소 2억 달러, 어쩌면 2억 5,000만 달러(한화로 약 2,165억 원 혹은 3,265억 원)에 판매됐다는 소식이 전해졌습니다.

군이 이런 사례들을 더 찾을 필요 없이 컬렉터들의 컬렉션 리스트를 확인해보는 것만으로도 전 세계 파워 컬렉터들이 동일한 예술가의 작품을 컬렉션한다는 걸 알 수 있습니다. 누구나 마음만 먹으면 인터넷을 통해 전 세계 파워 컬렉터들의 컬렉션 리스트를 쉽게 찾아볼 수 있는데요. 이들이 컬렉션하고 있는 예술가의 리스트 상당 부분이 주요 미술관의 컬렉션 리스트, 주요 갤러리의 전속 작가 리스트, 경매회사의 메이저 경매에 부쳐진 작품 리스트와 중복됩니다. 수억 원에서 수백억원을 호가하는 예술품을 사는 데 액수를 따지지 않는 억만장자들이라고 할지라도 이들의 컬렉션 취향 역시 타인과의 공감, 미술계 또는 미술 시장에서 보편적으로 적용되는 가치 기준의 영향을 받는다는 얘기죠.

이들 대부분이 작품을 구입하기 전에 개별적으로 고용한 큐레이터, 자신이 자주 거래하는 주요 갤러리의 갤러리스트나 프라이빗 아트 어드바이저, 자신의 화려한 인맥과 막대한 후원 활동을 통해 알게 된 공공 미술관의 큐레이터들, 그 밖에 미술사가와 전문가들에게 조언을 받습니다. 그리고 이들에게 컬렉팅 자문을 제공하는 전문가들 또한 자신이 전공한 미학·미술사라는 학문과 자신이 몸담은 미술계에서 수렴된 의견들을 바탕으로 합니다. 수백 년에 걸쳐 정립된 미학·미술사라는 학문과 의식적이든 무의식적이든 다수의 합의가 있는 곳으로 군집하는 사회적 동물로서 인간의 성향이 공통된 미적 취향을 끌어낸 것이라고 할 수 있겠습니다.

## 공감받고 인정받고 싶다는 욕구에 기인한다

어떤 예술가의 캔버스 작품이 경매에서 높은 가격에 거래되면 그 작품과 유사한 이미지의 캔버스 작품이나 그 예술가의 동일한 이미지의 판화도 종종 인기를 얻습니다. 미술 시장에서는 종종 재미있는 루머들이 시장을 지배하기도 합니다.

쿠사마 야요이Kusama Yayoi의 〈호박〉 캔버스 작품은 노란색이 선호된다든지, 김창열의 물방울은 흐르는 물방울 또는 하나의 물방울이 있는 것이 좋다든지, 김종학의 작품은 여름 풍경이 겨울 풍경보다 좋다든지, 심지어 어떤 작가는 그리는 꽃의 종류나 꽃봉오리의 개수가 작품의 가치를 결정짓는 표준이라든지 하는 소문이 떠돌기도 합니다. 딜러가 작품을 팔기 위해 컬렉터에게 무심코 흘렸을 법한 말들이 와전되어 만들어진 이 단순한 스토리들이 어떻게 작품의 완성도와 수작 여부를 판단하는 데 기준이 될 수 있겠느냐고 생각하기 쉽지만, 이런 루머가 시장에서 작품의 가치에 실제로 영향을 미치기도 합니다.

시장의 이런 반응과 비합리적인 루머는 미술 시장에서 공동 코드를 만들어 타인과 단합하고 공감을 형성하고자 하는 군중심리의 발현으로, 자신이 선택한 예술품의 가치를 자신이 속한 집단에서 객관적으로 보증받고 싶어 하는 인정욕구에 기인합니다.

**알렉스 카츠의 그림과 판화 가격 비교**

| 작품 제목 | ada in spain | blue umbrella #2 |
| --- | --- | --- |
| 캔버스 작품 거래 가격 | 2018년 본햄스 뉴욕 경매를 통해 287,500달러에 거래 | 2001년 크리스티 뉴욕 경매를 통해 566,000달러에 거래 |
| 판화 작품/에디션 수 150개로 동일(2022년 말 기준) | 12,000~23,000달러 | 50,000~65,000달러 |

## 미술관 소장품도 공동 코드를 갖는다

미술 시장에서 미술품을 구매하는 주체는 개인 컬렉터만이 아닙니다. 기업, 금융 기관, 정부 및 공공 기관, 미술관 역시 주요한 소비자들입니다. 특히 최근 20년간 미술 시장에서 최고가를 경신한 작품들을 구매한 주체는 대다수 미술관들이었습니다. 많은 사람이 미술관을 역사의 유물로 간주하지만, 사실 2000년을 기점으로 그 이전보다 이후에 더 많은 미술관이 건립되고 있습니다. 그 이유는 무엇일까요?

사람들은 흔히 미술관은 순수하게 공익을 목적으로 운영된다고 생각합니다. 그러나 미술관 운영은 공익적인 이유를 넘어 개인 세금 감면 혜택과 장기적인 관점에서 도시 재생 및 도시 발전까지 다양한 비즈니스 기회와 이점을 가지고 있습니다. 예컨대 프랑스 루브르박물관 Musée du Louvre이 소장한 레오나르도 다빈치Leonardo da Vinci의 〈모나리자〉나 일본 손보 재팬 도고세이지미술관Sompo Museum of Art이 소장한 반 고흐Vincent van Gogh의 〈해바라기〉처럼 미술관의 대표 소장품은 수많은 관람객을 끌어들여 관람료 수입을 올려줍니다. 또한 스페인 빌바오의 구겐하임이나 아부다비, 두바이의 미술관들은 도시 재생 및 도시 발전에 랜드마크 역할을 합니다.

이런 미술관 비즈니스의 성공을 이끄는 데 가장 중요한 요소는 바로 소장품입니다. 과거에는 오랫동안 꾸준히 해온 컬렉션을 기반으로 미술관을 설립하는 것이 정석이었지만, 지금 건립되는 미술관 대다수는 21세기에 새롭게 떠오른 경제부국과 신흥 부호들이 주도하고 있습니다. 그래서 미술관 건립과 동시에 소장품을 구성하는 경우가 많습니다. 이들은 미술관의 대표 작품을 확보하기 위해 미술 시장에서 적극적인 구매 의지를 보입니다. 넉넉한 예산을 보유한 이들 신생 미술관이 큰손 역할을 하는 것입니다.

이런 미술관들은 주로 어떤 작품을 컬렉션할까요? 대표 소장품은 그 미술관의 얼굴이 되어 평판, 즉 정체성과 위상을 보여줍니다. 미술관의 컬렉션 리스트는 미학·미술사를 전공한 큐레이터들과 설립자 및 재정적 후원자들이 결정합니다. 미술관들은 저마다 지향하는 콘셉트 아래 재정과 후원금이 허락하는 범위 안에서 미학적·미술사적으로 중요한 작가들의 대표 작품들을 확보하기를 원합니다. 인류가 쌓아온 문화적·역사적·학문적 바탕과 시대정신을 기반으로 가치가 인정된 미술품들을 소장하고 있어야만 미술관 또한 영속할 수 있기 때문입니다. 뉴욕현대미술관에서 볼 수 있는 예술가의 작품을 테이트모던에서, 퐁피두센터에서, 구겐하임에서 동일하게 볼 수 있는 것은 전 세계 주요 현대 미술관의 컬렉션 기준이 공통된 미학적·미술사적 평가를 기반으로 한다는 것을 증명합니다.

과거에 기반한 미학적·미술사적 연구 내용은 시대가 바뀐다고 해서 달라지지 않습니다. 그래서 기존에 있던 미술관이나 지금 새롭게 설립되는 미술관들의 컬렉션 리스트에 별반 차이가 없는 것이며, 앞으로 생기는 미술관들에도 동일한 원칙이 적용될 수밖에 없습니다.

1987년 도쿄 손보 재팬은 반 고흐의 1888년 작 〈해바라기〉를 4,000만 달러(한 화로 약 522억 원)에 구입했고, 이 작품을 미술관에 상설 전시하면서 500엔의 입 장료를 받았습니다. 작품을 전시한 지 10년 만에 입장료 수입을 통해 작품 구매액 인 4,000만 달러를 회수했습니다. 2002년 소더비는 이 작품에 대한 감정액으로 8,000만 달러(한화로 1,045억 원)에서 1억 달러를 제시했습니다. 36년이 지난 지 금, 반 고흐의 〈해바라기〉 감정가는 얼마일까요?

## 투자 목적의 컬렉션이 증가하고 있다

과거에는 미술품 애호가나 컬렉터들이 컬렉션을 주도했으나, 최근 미술 시장에 진입하는 컬렉터들 중에는 투자자들이 많습니다. 온라인 미술 시장 플랫폼인 아트시Artsy는 전 세계 파워 컬렉터들이 주로 어떤 산업군에 종사하는지 조사한 적이 있습니다. 조사 결과, 오늘날 미술품 컬렉터의 50%가 투자 관련 사업군에 종사하는 것으로 나타났습니다. 이 조사는 과거에 비해 투자 관련 사업군에 종사하는 컬렉터가 크게 늘었으며, 특히 금융권 종사자의 유입이 현저하게 증가했다는 것을 보여줍니다. 투자 관련 사업 종사자들이 미술 시장에 많이 유입된 주된 이유는 미술품을 부의 증식과 자산 관리가 가능한 투자재로 봤기 때문입니다. 해마다 열리는 아트바젤Artbasel과 UBS에서 내놓는 아트마켓 리포트를 보면 미술품 컬렉터 열 명 중 여덟 명이 미술품을 통한 자산 관리 및 부의 증식을 목적으로 한다는 사실을 확인할 수 있습니다.

그렇다면 어떤 예술가의 작품이 지속적으로 시장 가치를 유지할 수 있으며, 어떤 예술가의 작품이 계속 오르는 걸까요?

미술관이든 기업이든 개인이든, 동일한 미술 시장에서 작품을 구입합니다. 이 중 예산에 여유가 있는 미술관이나 새롭게 유입되는 신흥 부호들이 미술 시장에서 가장 큰 영향력을 발휘합니다. 모두가 인정하고 자신이 원하는 작품이 나왔을 때 그 작품을 소유하기 위해 가장 많은 돈을 쓸 수 있는 주체들이니까요. 이들은 소장하길 원하는 작품이 시장에 나오면 적극적으로 매수에 나섭니다. 그 작품이 언제 다시 시

**컬렉터의 직업군 분석**

(출처: 아트시)

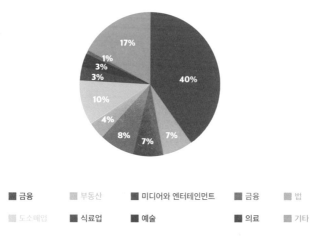

■ 금융    ■ 부동산    ■ 미디어와 엔터테인먼트    ■ 금융    ■ 법

■ 도소매업    ■ 식료업    ■ 예술    ■ 의료    ■ 기타

장에 나올지 기약할 수 없을뿐더러 나중에 시장에 나온다고 하더라도 지금보다 가격이 높아질 가능성이 크기 때문입니다. 특히 예술가가 사망한 후라면 희소성이라는 가치가 더해져 작품 가격이 현저하게 올라갈 수 있습니다. 즉 원하는 작품이 시장에 나온 시점이 그 작품을 가장 좋은 가격에 소장할 수 있는 최적의 기회인 거죠. 이들의 적극적인 컬렉션 행위는 미술품 가격 상승의 동력이 됩니다. 이들이 미술품의 시장 가치를 올리고 결정하는 주체라고 해도 과언이 아닙니다.

그러니 투자나 재테크를 목적으로 미술품을 구입하기 시작한 개인 컬렉터들 입장에서도 통상적으로 이들과 동일한 예술가의 작품을 컬렉션해야 그림가 상승을 기대할 수 있습니다. 새로운 미술품 거래가가 기록되고, 이후 경신된 가격이 미술품의 가치가 되는 것이 오늘날 미술 시장의 모습입니다. 재테크를 목적으로 하는 컬렉션이 아니라고 해도 자본주의 시대를 살아가는 우리에게 그림가 상승은 컬렉터의 안목을 평가하는 잣대가 됩니다. 오늘날 그림 애호가, 그림 투자자 할 것 없이 컬렉터들이 모두 같은 작가, 같은 그림을 사고 싶어 하는 것이 이 때문입니다.

# 투자 가치가 있는
# 작품은 따로 있다

모든 예술가의 작품이 컬렉터가 원하는 시장 가치 또는 투자 가치를 지닌 것은 아닙니다. 미술 시장에서 가치를 갖는 예술가는 크게 두 가지 유형으로 분류할 수 있습니다.

하나는 미학적·미술사적 관심을 받지 않아도 특정 시기에 영향력을 발휘하는 셀러브리티, 기업의 마케팅 전략, 일부 적극적인 컬렉터, 아트 딜러 등 시장 플레이어들이 시장에 유포한 미적 취향이 다수의 공감을 얻으며 일시적 유행을 일으킨 덕에 활발한 거래가 이루어지는 작가군입니다. 그리고 다른 하나는 작가의 철학과 획기적인 아이디어가 시대정신과 맞물려 미학적·미술사적 관점에서의 관심과 미술품 시장의 주목을 동시에 받는 작가군입니다(여기서 또 단순히 미학적·미술사적 가치가 있는 작가와 구분해야 하는데, 미학적·미술사적 가치가 인정되는데도 시장의 관심을 받지 못하는 작가들이 있기 때문입니다).

이 두 유형의 작가군 간에 가장 큰 차이점은 시장 가치의 지속성에 있습니다. 전자인 특정 시기 미술 시장의 인기를 얻은 예술가들의 시장 사이클은 최소 2년에서 최대 5년 정도 지속될 수 있는데, 이 사이클이 끝나면 대개는 시장 가치가 소멸합니다. 이 작가들이 다시 새로운 상승 사이클을 타기는 쉽지 않습니다. 같은 유행이 다시 오기가 쉽지 않을뿐더러 다시 상승세를 탈 수 있는 명분이나 가치 평가 기준이 없기 때문입니다. 그러므로 재테크를 목적으로 이런 유형에 속하는 작가의 작품을 소장할 때는 그림을 구매하고 판매하는 시점, 즉 거래 타이밍과 그림 보유 구간이 수익률에 큰 영향을 미칩니다.

반면 후자인 미학적·미술사적 관심과 미술 시장의 주목을 동시에 받는 예술가의 경우 시장 가치와 그림가 상승률은 보유 시점과 보유 구간뿐만 아니라 보유 기간에도 영향을 받습니다. 그림 시장 또한 여타 시장처럼 상승이 있으면 하락이 있고, 하락이 있으면 상승이 있는 사이클을 탑니다. 아무리 미학적·미술사적 가치를 기반으로 주목을 받으며 큰 상승 사이클을 주도했던 예술가라고 하더라도 일시적으로 시장이 주춤하거나 하락할 수 있습니다. 즉 수요량과 공급량 및 기타 다양한 주변 환경의 영향으로 그림가가 하락할 수도 있습니다. 그러므로 단기·중기적인 관점에서 이 유형의 작가들도 그림을 구매하고 판매하는 시점, 타이밍과 그림 보유 구간이 수익률에 영향을 줍니다. 그러나 일반적으로 미학적·미술사적 가치로 큰 상승 사이클을 주도했던 작가들은 일시적으로 시장이 주춤하거나 하락한다고 하더라도 다시 상승할 수 있는 강한 모멘텀을 가지고 있습니다. 시간이 흐르면 흐를수록 점차 시장의 수요는 많아지지만 작품 수는 줄어드는 희소성 때문에 보유 기간이 길어질수록 작품 가격 또한 상승하는 양상을 보입니다.

정리하자면, 시장 가치가 있는 두 가지 유형의 작가들 사이에 가장 큰 차이점은 시장 가치의 지속성에 있습니다.

**미술 시장에서 거래되는 예술가들**

| 투자 가능한 예술가군 (=시장 가치가 있는 작가군) | | 투자 불가능한 예술가군 (=시장 가치가 없는 작가군) | |
|---|---|---|---|
| 특정 다수의 미적 취향에 부합하여 시장의 트렌드가 된 예술가군 | 미학적·미술사적으로 가치 평가를 받는 예술가군 | 미학적·미술사적으로 가치 평가를 받지만 주목을 받지 못하는 예술가군 | 시장 트렌드와 상관없으며 미학적·미술사적으로 가치를 인정받는 작가도 아니지만, 개인의 취향을 기반으로 거래되는 작가군 |
| ▶투자 포인트<br>•보유 구간<br>•미술품 구매 타이밍과 판매 타이밍 | ▶투자 포인트<br>•보유 구간<br>•미술품 구매 타이밍과 판매 타이밍<br>•보유 기간: 장기 투자일수록 유리 | | |

2005년부터 2007년 사이 국내 미술 시장을 이끌었던 신진 작가 시장과 2014년부터 2017년 사이 작품가가 크게 올랐던 단색화 시장이 이 두 가지 유형의 시장성을 대변합니다.

아트 컬렉션의 원칙

## 특정 다수의 미적 취향에 부합하여
## 시장의 트렌드가 된 예술가군:
## 2000년대 초반 국내 미술 시장을 지배했던 젊은 예술가 열풍

특정 시기에 특정 다수의 미적 취향에 부합하여(유행) 시장에서 활발한 거래를 보였지만, 지금은 그 시장이 사라진 대표적인 사례가 2000년대 초반에 국내 미술 시장을 지배했던 젊은 예술가 열풍입니다. 2005년 부터 2007년까지 약 3년 동안 국내 미술 시장은 미술대학을 갓 졸업한 20~30대 초반 신진 작가들의 팝적인 작품과 극사실주의 작품, 중국 현대 작가들의 작품 중심으로 큰 호황을 맞이했습니다. 당시 젊은 예술가의 작품을 구매하려는 사람들의 열기는 몇몇 작가의 작품들이 시장에 나오자마자 완판시키는 상황을 연출했고, 경매에 출품된 이들 작품의 낙찰가는 고공행진을 이어갔죠.

이런 상황을 관심 있게 살펴보던 일부 사람들은 마음이 급해져 당시 시장에서 상승세를 타던 예술가들의 작품이 아직 제작되기도 전에 구매 의사를 밝히며 대기자 리스트에 이름을 올리기도 했습니다. 더 적극적인 구매자들은 이런 열기에 편승하여 작품가가 올라갈 수 있으리라고 생각되는 신진 작가를 직접 발굴하기 위해 나섰습니다. 미술대학의 졸업 전시나 대학을 갓 졸업한 작가의 작업실을 적극적으로 찾아다니며, 아직 물감이 마르지도 않은 작품들을 사들였죠. 그러나 순수하게 예술가를 후원하거나 정서적 만족을 위해 작품을 소유하는 것이 아니라 가격 상승을 기대하며 갓 대학을 졸업한 작가들의 작품을 소유하는 것은, 리스크가 큰 모험에 가까운 일이었습니다. 게다가 같은 작가의 작품이라도 가치가 제각각인데, 아직 창작되지도 않은 작품을 구입하겠다고 대기자 리스트에 이름을 올리는 것은 시장의 유행에 편승한 투기라고 볼 수밖에 없었죠.

이처럼 젊은 작가들이 주도하는 분위기가 국내 미술 시장에 형성된 것은 당시 파격적인 작업으로 미술계에 큰 이슈를 불러온 영국 기반 젊은 예술가들YBAs과 중국 미술 시장의 폭발적인 확장과 함께 떠오른 중국 동시대 작가들에 대한 글로벌 미술 시장의 인기가 국내 시장에도 영향을 미쳤기 때문입니다. 그러나 이런 젊은 작가들이 주도하는 분위기는 2007년에 정점을 찍었고, 2008년 들어 주춤하더니 그해 8월 금융위기를 맞이하면서 급격히 식어버렸습니다. 그리고 2021년이 되자 2000년대 초까지 시장에서 인기리에 거래됐던 젊은 작가들의 시장 대부분이 사라졌습니다. 사라진 작가 중에는 2000년대 초반 대기자 리스트를 보유했던 작가들도 있습니다.

그때 당시 시장의 유행을 주도하던 젊은 작가의 작품을 몇백만 원에 구입해 유행이 사그라지기 전, 2배에서 10배 이상 오른 가격에 되판 구매자들에게는 대단히 성공적인 재테크였을 겁니다. 그러나 2000년대 초반에 구입한 후 되팔지 못하고 지금까지 소장하고 있는 이들도 많습니다. 자신이 구입한 가격보다 낮은 가격에라도 팔 기회가 있다면 다행이지만, 대다수는 그런 조건으로도 새로운 구매자를 만나기가 쉽지 않습니다. 사실 소장한 작품을 되팔 의향이 전혀 없는 순수 미술 애호가로서 구입했다고 하더라도, 자신이 소장한 작가의 시장이 없어지고 가격이 하락하는 것을 보는 게 기분 좋을 리는 없겠죠. 자신의 소장품에 대한 애착도 점점 시들해질 수 있고요. 이들의 기대는 2000년대 초반에 인기를 구가하던 작가들의 시장 붐이 다시 오는 것입니다.

그렇다면 이 작가들의 시장이 다시 조명받을 기회가 올까요? 2000년대 초반의 시장 유행이 소멸한 이후에도 꾸준히 작품 활동을 하면서 미술계에서 주목받아온 극소수를 제외하고, 그들의 시장이 다시 올 가능성은 크지 않습니다. 이들이 다시 시장의 주목을 받을 수 있는 뚜렷한 명분이나 객관적 가치 평가, 모멘텀이 존재하지 않기 때문입니다. 이 작가들의 작품을 구입한 사람들은 시장의 유행을 산 것이지 예술가의 가치, 작품의 가치를 산 것이 아닙니다. 이와 같은 유행은 미술품 시장에 항상 존재합니다.

2020년부터 2022년 사이 호황기에도 미술 시장에는 미학적·미술사적인 관심을 전혀 받지 못했음에도 대중의 관심, 일시적 유행과 함께 작품이 활발히 거래되는 개별 작가의 시장 움직임이 있었습니다. 이 중 몇몇은 몇 년 전만 해도 작품가가 수백만 원이었던 것이 수천만 원에서 억대까지 상승하다가 다시 가격이 하락하는 모습을 보이고 있습니다. 항상 그래왔듯이 대중이 선호하는 스타일은 변하기 나름입니다. 그러면 이들의 시장 또한 점점 쇠퇴하다가 결국 소멸하고 말죠.

## 미학적·미술사적으로 가치 평가를 받으면서
## 시장 가치가 있는 예술가군: 단색화 열풍

2013년 말부터 2017년까지 국내외 미술 시장에 열풍을 몰고 왔던 단색화 시장은 어떨까요? 단색화는 1970년대 한국 미술사에 한 획을 그은 추상미술 운동으로 자연과 인간의 관계, 마음 수행, 패턴의 반복, 질감의 탐구 기반으로 표현한 작품들 또는 작가군을 말합니다. 단색화는 미술계의 견고한 평가 체계와 시스템 안에서 20세기 한국 미술사에서 독자적인 사조로서 중요한 역사적·문화적 가치를 지닌 것으로 평가됩니다. 2012년 국립현대미술관 단색화 전시를 필두로 국내외 비엔날레와 미술관, 주요 갤러리에서 단색화 또는 단색화 작가들 개개인의 미술사적 가치를 조명하는 전시들을 개최하면서 국내외 컬렉터들의 주목을 받게 됐죠.

단색화 작가들의 작품은 2013년 말부터 국내외 그림 시장의 뜨거운 러브콜을 받았습니다. 아트바젤, 프리즈Frieze 같은 해외 주요 아트페어에 출품된 단색화 작가들의 작품들이 모두 팔렸고 크리스티, 소더비, 서울옥션, 케이옥션 같은 국내외 주요 경매에서도 열띤 경쟁 속에 국내외 컬렉터들에게 낙찰됐습니다. 단색화 열풍이 피크였던 2016년에는 1년 사이에 가격이 최고 10배까지 뛰기도 했습니다.

이런 단색화 열풍은 2017년까지 국내 그림 시장을 지배하다가 주춤하기 시작합니다. 2017년 이후 단색화 작품에 대한 공식적인 갤러리가는 호황기와 비교하여 큰 변화가 없었지만 실제 2차 시장에서는 고점 대비 낮은 가격에 거래되는 작품들이 하나둘씩 나타나면서 전체적으로 보합을 유지하거나 이전보다 낮은 가격에 거래됐으며, 호황기에 구하기 어려웠던 작품들을 구하기가 쉬워졌습니다. 일각에서는 단색화 시장의 붐을 2005년 국내 미술 시장이 보여준 호황과 비교하며 단색화 작품가 버블이 꺼지는 것은 시간문제라고 말하는 사람들도 있었죠. 하지만 이는 그림 시장의 특성과 상황을 단편적으로만 보고 하는 말이었습니다.

2017년 이후 한동안 정체기를 보내던 시기에도 국내 미술 시장에서는 단색화의 거래가 큰 비중을 차지했습니다. 단색화 호황이라고 말할 수는 없지만 단색화 작가의 작품을 사려는 신규 수요가 계속 늘었고 국내외 주요 갤러리와 아트페어, 미술관을 통해 단색화 작가들이 꾸준히 소개됐습니다. 이 사실은 당시 경매회사에 출품되는 작품 중 단색화가 차지하는 비중만 체크해도 알 수 있습니다. 거래 수수료와 낙찰 수수료가 주된 수익원인 경매회사에서는 높은 낙찰가율과 낙찰 총액이 회사의 수익을 결정하기 때문에 그림 시장에서 수요가 많은 작가의 작품을 중심으로 경매 출품 목록을 구성합니다. 이 시기 국내 주요 경매회사들의 사이트를 열람해보면 여전히 경매 이벤트를 통해 소개되는 작품 중 단색화 작품의 비율이 높았음을 확인할 수 있습니다.

그리고 최근 다시 국내 미술 시장의 붐을 이끌며 가장 먼저 급격한 가격 상승을 보인 것은 박서보, 김창열, 이우환, 윤형근, 하종현 같은 단색화 작가들의 작품이었습니다. 단색화와 더불어 미술사적 가치가 있으나 시장에서 저평가된 예술가들을 찾아 컬렉션하려는 이들로 미술 시장이 활기를 띠었습니다. 물론 그 가운데 미학적·미술사적인 평가와 별개로 대중의 관심을 받으며 작품 거래와 작품가 상승이 활발한 개별 작가들의 시장 움직임도 눈에 띄었습니다. 이 중 대다수 예술가는 2005년도처럼 붐이 사그라지면서 이들의 시장 가치도 소멸할 수 있습니다. 하지만 단색화처럼 미학적·미술사적 가치 평가를 받으면서 미술 시장의 주목까지 받았던 예술가들은 앞으로도 크게 호황을 맞이할 때마다 가격이 상승하며 시장이 움직일 가능성이 큽니다. 미술 시장에 새롭게 진입할 컬렉터들, 즉 컬렉팅을 시작하기 전에 미술 시장에 대한 정보를 습득하고 미술품의 가치를 제대로 공부하고 유입되는 컬렉터들이 컬렉션하길 원하는 작가들도 결국 단색화 작가들의 작품이 될 것입니다.

## 윤형근 작가의 70×90 크기 1990년대작 경매 기록

(단위: 원)

| 시기 | 경매가 |
|---|---|
| 2013.5 | 5,000,000 |
| 2014.5 | 14,000,000 |
| 2014.9 | 11,000,000 |
| 2014.12 | 30,000,000 |
| 2015.2 | 35,000,000 |
| 2015.3 | 55,200,000 |
| 2016.3 | 50,000,000 |
| 2017.5 | 82,000,000 |
| 2017.10 | 60,000,000 |
| 2017.12 | 69,900,000 |
| 2018.3 | 73,395,000 |
| 2019.3 | 50,000,000 |
| 2020.7 | 80,000,000 |
| 2020.11 | 88,000,000 |
| 2021.10 | 190,000,000 |
| 2022.4 | 240,000,000 |
| 2022.3 | 230,000,000 |

# 미술품의 가치 평가는
# 과거에 기반한다

미학적·미술사적 가치가 있는 미술품들이 컬렉터의 취향과 만나 시장의 주목을 받고 시간이 지날수록 가격이 우상향 곡선을 그릴 수 있는 것은 미술품의 가치 평가가 과거에 기반하기 때문입니다. 주식이나 부동산 시장에서 가치투자란 미래의 성장성에 기반하지만 그림 시장에서 가치투자는 예술가가 그간 쌓아온 전시 경력과 미술계 평가, 시장 인지도, 거래 기록 등 과거의 이력을 기반으로 합니다.

아파트·상가·땅 같은 부동산에 투자할 때 사람들은 투자하는 곳 주변으로 향후 어떤 교통·교육·쇼핑 편의시설 인프라가 생겨나고, 어떤 유망 직군의 회사들이 자리 잡게 될지를 고려합니다. 주식에 투자할 때도 일반적으로 고려하는 것이 산업의 방향성과 회사의 비전, 회사의 실적 및 이익입니다. 경제 용어 사전을 찾아보면 오랫동안 안정적인 이익을 창출하고 배당금을 지급해온, 수익성과 재무구조가 건전한 대형 기업의 주식을 블루칩으로 정의합니다. 하지만 주식 시장에서 블루칩은 시간이 지남에 따라 바뀔 수 있습니다. 시대의 발전에 따라 산업의 방향성이 달라지기 때문입니다. 미국 컨설팅 업체인 액센츄어에 따르면 2010년 기준 미국 대표 기업인 S&P500지수 소속 기업의 평균 존속 기간은 15년에 불과하다고 하니, 주식 시장 블루칩의 수명이 어느 정도인지 짐작할 만합니다.

이처럼 주식, 부동산은 미래의 가치 전망을 기준으로 투자하다 보니 도중에 예상치 못한 변수에 직면하거나 산업 생태계 또는 구조가 바뀌면 가치에 변화가 생길 수 있습니다. 그러나 보통 미술 시장에서 한번 블루칩으로 인정받은 예술가는 시대를 막론하고 계속 블루칩 지위를 유지하게 됩니다. 그림 시장에서 가치투자란 작가 또는 작품의 과거 평가, 과거 내력에 기반한 투자이기 때문입니다. 즉 작가의 작품 활동이 미술계에서 어떤 평가를 받아왔으며, 어떤 공신력 있는 미술 기관들에서 전시 경력을 쌓아왔는지, 어떤 갤러리와 함께 일하는지, 누가 컬렉션했는지, 과거 거래 이력은 어떠하고 시장 인지도는 어떤지 등 예술가가 그간 쌓아온 이력이 가치투자의 기반이 됩니다. 물론 젊은 청년 작가라면 앞으로의 성장 가능성도 고려해야 하지만, 작가의 잠재적인 성장성 또한 예술가가 쌓아온 전시 경력과 주요 기관의 관심, 작가가 진행해온 작업 활동 과정을 기반으로 판단합니다.

오늘날 미술계와 미술 시장에서 폭넓은 사랑을 받고 있는 반 고흐나 폴 고갱Paul Gauguin 등은 살아생전이 아니라 죽고 나서 가치가 다시금 조명되면서 주목을 받았습니다. 과거에는 이들처럼 작가가 죽고 나서 또는 작가가 기나긴 무명의 시간을 보내다가 말년에 미술계와 시장의 관심을 받는 경우가 종종 있었으나, 이제는 이런 일이 상당히 드물어졌습니다. 촘촘하게 짜인 그물 같은 미술계의 평가 시스템 속에 젊은 예술가들의 작업 활동이 스크리닝되고, 견고하게 얽혀 있는 그림 시장이 젊은 예술가들의 잠재적 가치에도 빠르게 반응합니다. 몇 년간의 행보만 살펴봐도 그 작가의 미래 가치를 어느 정도 판단할 수 있습니다.

이처럼 미술품 투자는 예술가와 작품의 과거 이력, 즉 작가의 CVCurriculum Vitae와 작품의 프로비던스providence에 기반한 투자이기 때문에 보통 미술품 시장에서 한번 블루칩으로 인정받은 예술가는 시대를 막론하고 계속 블루칩의 위치를 유지하게 됩니다. 작품이 물리적으로 손상되지 않는 이상 블루칩 예술가의 작품 가치가 변하는 경우는 거의 없습니다. 오히려 미술사적으로 가치가 인정된 작가의 연구 또한 시간이 지날수록 더 쌓이고 견고해지기 때문에 한번 블루칩으로 분류된 작가는 시장 또한 견고해집니다.

미술을 잘 모르는 사람도 팝아트 하면 떠오르는 작가가 있을 것입니다. 바로 1960년대 팝아트를 주도했던 앤디 워홀입니다. 워홀이 팝아트의 리더로서 갖는 미술사적 가치 외에도 그의 작업 철학은 오늘날 동시대 예술가들에게 많은 영향을 미치는 것으로 평가되고 있습니다. 오늘날 그림 시장에서도 가장 인기 있고 가장 빈번히 거래되는 블루칩 작가죠. 그의 작품은 수백만 원에서 1,000억 원대 이상의 다양한 가격을 형성하고 있습니다.

그런데 50년 후, 100년 후가 되면 그의 미술사적 가치가 바뀔까요? 다시 말해 그의 가치가 시간이 지나면서 잊히거나 퇴색될까요? 1960년대 대중 소비문화를 순수 예술로 끌어들인 팝아트 작가로서 앤디 워홀의 미술사적 가치는 미래에도 계속 회자될 것입니다. 그에 따라 그림 시장에서도 그의 작품 수요는 계속 있을 것입니다. 그러나 그가 작고한 이후로 그의 작품은 더 이상 창작되지 않습니다. 지금 시장에서 거래되는 작품 중에는 앞으로도 주기적으로 매물로 나올 수 있는 것도 있겠지만, 일부는 미술관과 같은 기관으로 들어가면서 더는 시장에 나오지 않는 것도 있겠죠. 이처럼 시간이 흐름에 따라 앤디 워홀 작품의 희소성은 커집니다. 그러면 그의 주요 작품들은 가격이 지금보다 더 오를 수밖에 없겠지요. 미술 시장에서 한번 블루칩으로 인정받은 작가가 계속 블루칩 작가로 남을 수밖에 없는 이유는 이처럼 세월이 흐르면서 더 견고해지는 미술사적 연구와 평가 그리고 희소성이 있기 때문입니다.

# 미술품은 이미지뿐만 아니라
# 아이디어와 스토리를 사는 것

성공적인 컬렉션을 원한다면 미술품을 선택할 때 시각적 이미지, 즉 작품의 외형 이상으로 주요하게 고려해야 할 것이 있습니다. 바로 작품에 담긴 작가의 메시지, 개념, 아이디어, 철학 그리고 그 작품에 대한 기록(프로비던스)과 작품에 얽힌 스토리입니다. 미술품 재테크가 가능하다는 이야기를 듣고 처음 작품을 사볼까 하는 이들 대다수는 시각적 즐거움을 주고 집 인테리어에 어울리는 작품을 선호합니다. 외관상 형태가 명확하고 보기가 좋아야 한다고 생각하죠. 그래서 사각형의 캔버스, 유화, 견고하게 고정된 형태, 예술가의 손재주와 예술가가 작품을 완성하는 데 공들인 시간을 확인할 수 있는 작품이 더 가치 있을 거라는 고정관념을 가지고 있기도 합니다.

그렇다면 이런 기준에서 수억, 수십억을 호가하는 작품들은 어떻게 이해할 수 있을까요? 10억 원을 호가하는 캔버스에 점 몇 개 찍은 것이 전부인 이우환의 〈다이얼로그Dialogue〉, 1억 5,000만 원에 팔린 마우리치오 카텔란Maurizio Cattelan의 〈코미디언Comedian〉, 50억 원을 호가하는 펠릭스 곤잘레스 토레스Felix Gonzalez-Torres의 수북이 쌓인 사탕 작품 등이 대표적인 예입니다. 오늘날 미술 시장에서는 예술가의 필력이나 작품이 보여주는 시각적 이미지만큼 시장 가치에 큰 영향을 미치는 것이 있으니, 바로 작품에 담긴 예술가의 철학과 메시지입니다.

2023년 기준 100호에 10억 원에서 12억 원을 호가하는 이우환의 〈다이얼로그〉는 예술가의 노동력이 얼마나 들어갔기에 점 하나에 10억 원 이상을 호가할까요? 작품의 구성을 보면 작가의 노동력이나 손재주로는 도저히 설명할 수 없는 가격입니다. 그러나 이 작품을 구입한 사람은 이 작품가가 합리적이지는 않을지 몰라도 작품이 지닌 가치를 고려해 수용 가능한 가격이라고 판단했을 것입니다.

그렇다면 이런 작품가를 수용할 수 있는 근원은 무엇일까요? 이 작품에는 작가가 지난 65년 동안 탐구해온 사물과 인간, 사물과 사물, 사물과 세계의 관계 그리고 무한성에 대한 철학이 압축되어 있습니다. 수십 년에 걸쳐 자신의 철학과 생각을 탐구하고 작품에 반영하려고 했던 예술가의 정신과 신념 그리고 행보가 컬렉터의 공감을 얻고 시장에서 높은 가치를 인정받은 것입니다.

이탈리아 현대 미술가 마우리치오 카텔란은 2019년 겨울 미국 플로리다주 마이애미에서 열린 아트바젤에서 함께 일하는 갤러리 페로텡의 전시 부스를 통해 〈코미디언〉이라는 개념미술conceptual art 작품을 소개했습니다. 이 작품은 실제 바나나를 벽면에 테이프로 붙인 것이 전부이지만, 이 작품이 미술계와 미술 시장에 가져온 파장은 컸습니다.

데이비드 다투나David Datuna라는 행위 예술가는 이 작품을 벽면에서 떼어내 먹는 해프닝을 벌여 전시 기간에 이슈화했고, 이 작품을 보거나 사진을 찍기 위해서 몰려든 사람들로 전시 부스는 문전성시를 이뤘습니다. 게다가 3개의 에디션으로 이뤄진 이 작품의 1번과 2번 에디션은 12만 달러, 3번 에디션 작품은 15만 달러에 거래됐습니다. 이 중 하나의 종착지는 구겐하임미술관이었습니다.

비싸지도 않고 일상에서 쉽게 살 수 있는 바나나를 1억 원이 넘는 가격에 앞다퉈 사는 상황을 어떻게 이해해야 할까요? 사실 이들이 거래한 것은 바나나가 아니라 바나나를 어떤 식으로 붙여야 하는지에 대한 설명과 이 서류의 소유자가 바나나를 붙여야 카텔란의 작품으로 인정한다는 내용이 전부인 인증서입니다. 인증서에 적힌 내용은 누구나 따라 할 수 있을 만큼 쉬운 과정이지만, 카텔란이 발행한 증서는 단 3개뿐이었기 때문에 인증된 〈코미디언〉 작품은 세계적으로 세 군데에서만 존재할 수 있습니다. 영국의 대표적인 현대 미술가 데미언 허스트Damien Hirst가 이 작품이 매진된 것을 안타까워하며 A.P.Artist's proof라도 구입하고 싶다고 요청했지만 카텔란이 거절해서 또 이슈가 되기도 했습니다.

과일 가게에 널린 게 바나나고 3,000원만 주면 한 다발을 살 수 있습니다. 그런데 전시장에 붙여진 바나나는 하나에 1억 5,000만 원을 호가하고, 그 가격에도 불티나게 팔릴뿐더러 구입하지 못해 안타까워하는 사람들까지 나타나는 현상을 어떻게 이해할 수 있을까요? 전시장

벽에 붙어 있는 바나나를 단순히 과일로 간주한다면 상식적으로 이해하기 힘듭니다. 그렇다면 카텔란이 제시한 바나나는 어떤 의미를 담고 있을까요? 그의 바나나에는 작가가 부여한 여러 가지 의미가 내포되어 있습니다. 바나나를 통해 세계 공정무역과 그에 얽힌 사회 및 환경적 문제에 대한 이슈를 공론화함과 동시에, 결국 없어져버릴 바나나에 이유 없이 열광하는 현대 미술 시장과 바나나 가격이 얼마인지도 모를 정도로 부유한 컬렉터들에 대한 조롱 섞인 블랙코미디 작품이기도 합니다.

일상의 오브제를 즐거움과 비판의 매개체로 바꾼다는 점에서 예술가의 바나나는 현대 미술의 아버지로 불리는 마르셀 뒤샹Marcel Duchamp의 변기 작품 〈샘Fountain〉을 연상시키기도 합니다. 이쯤에서 알 수 있는 것은 카텔란의 바나나는 과일 가게에서 파는 바나나가 아니며, 컬렉터가 산 것도 바나나가 아니라 예술가의 메시지라는 점입니다. 물론 카텔란이 아닌 일반 개인이 벽에 바나나를 붙이고 거기에 심오한 의미를 부여한다고 해서 그 작품이 공감대를 형성하지는 못할 겁니다. 카텔란이 지금까지 예술가로서 활동하면서 보여온 행보와 발표한 작품의 성격을 통해 이미 미술계와 미술 시장에는 그에 대한 팬덤과 가치 평가가 어느 정도 쌓여 있기 때문에 대중이 그의 작품에 열광한 것입니다.

사진에서 보이는 것은 무수히 많은 사탕이 쌓여 있는 사탕 더미입니다. 그러나 이것은 단순한 사탕 더미가 아니라 펠릭스 곤잘레스 토레스라는 요절한 쿠바 출신 천재 화가의 설치 작품입니다. 이 작품이

2010년 11월 뉴욕의 한 경매회사에 나온 적이 있는데 미국 달러로 456만 2,500달러, 한화로 약 50억 원에 낙찰된 기록이 있습니다. 영원히 보존할 수도 없는 이 사탕 더미가 어떻게 경매에서 50억 원에 낙찰될 수 있었을까요?

토레스는 살아생전 열아홉 점의 사탕 작업을 완성했습니다. 그의 사탕 작업은 주변 인물들의 이야기를 담고 있는 새로운 형태의 작가식 초상화라고도 할 수 있습니다. 그중에서 작가의 애인이었던 로스를 소재로 제작된 사탕 작업 이야기를 소개하겠습니다. 동성애자였던 토레스는 서른여덟 살에 에이즈로 요절했습니다. 그런데 애인이었던 로스를 에이즈로 먼저 잃었죠. 그는 사탕 더미 설치 작업을 통해 8년을 사랑하고 먼저 떠나보낸 후 잊지 못한 애인 로스에 대한 그리움, 자신의 사랑 이야기를 전달합니다.

사탕을 쌓아 올린 작품은 무게가 중요한데요. 사탕의 무게는 로스가 건강할 때 평균 몸무게였던 79킬로그램을 유지합니다. 전시장에 설치된 사탕 더미는 관람객이 원하면 현장에서 직접 사탕을 집어 까 먹을 수도 있고 가져갈 수도 있습니다. 그의 작품은 이와 같은 관람객의 행위로 완성됩니다. 그리고 작품이 전시되는 기간에 관람객이 가져간 만큼 줄어든 사탕은 담당 큐레이터가 일주일에 서너 번 다시 채웁니다. 새로 전시될 때 사탕의 무게는 다시 79킬로그램이 되죠. 이 작품을 통해서 토레스가 관람객들에게 전달하고 싶었던 메시지는 무엇이었을까요? 사탕은 달콤합니다. 토레스는 관람객이 전시된 사탕을 집어 먹으면서 자신의 달콤한 사랑의 기억을 공유하길 바랐습니다. 그리고 관람객들이 사탕을 집어 감으로써 줄어드는 사탕의 무게를 통해 작가는 에이즈 탓에 고통이 심해지면서 건강할 때 유지하던 몸무게를 잃고 말라가는 로스의 안타까운 건강 상태를 표현하고자 했습니다. 관람객의 입 속으로 들어간 사탕은 작가와 로스의 아름다웠던 사랑의 추억이자 다른 한편으로 로스 자체인 것입니다.

이 작업은 자신의 사적인 이야기를 들려줄 뿐만 아니라 다양한 사회적 이슈도 제기합니다. 특히 쿠바 출신으로 미국 이민자이자 동성애자, 에이즈 환자인 작가의 자기 고백적 작품은 소수자에게 불리한 사회 체제에 대한 비판, 저항, 소수자의 인권에 대한 목소리로 해석할 수 있습니다.

게다가 전시장에 놓인 작품은 절대 만지지 말아야 한다는 미술품 감상에 대한 인식을 완전히 바꿔놓았습니다. 작가의 사탕 작품은 관람객에게 작품을 먹고, 만지고, 가져가게 하는 등 관람객의 능동적 참여를 요구했죠. 작가가 작품을 통해 전하고자 하는 메시지도 관람객의 참여로 완성되므로 관람객이 작품의 일부가 되기도 합니다. 이우환의 〈다이얼로그〉는 비록 몇 개의 점뿐이지만 그나마 형태라도 있는데, 토레스의 사탕 더미는 어떻게 설치하느냐에 따라 형태가 수시로 변하며 유통 기한까지 있습니다. 그뿐만 아니라 전시되는 사탕도 관람객이 소비하면 계속 채우죠. 이런 과정을 통해 토레스는 예술이 꼭 고정된 형태나 물질적 고유성을 가질 필요가 없으며, 작품이 설치되고 관람객과 만나는 과정 자체도 예술이 될 수 있음을 보여주었습니다. 이 작품을 50억 원이라는 거금을 들여 산 사람들은 사탕 더미가 아닌 작가의 작품 설치 매뉴얼, 이 작품의 소유권을 획득한 거죠. 즉 소장자는 이 작품의 이미지가 아닌 작가가 던지는 다양한 메시지와 개념에 담긴 가치에 투자한 것입니다. 그리고 여전히 수많은 컬렉터가 토레스의 작품을 컬렉션하고 싶어 합니다. 토레스의 사탕으로 이루어진 초상화 작업이 다시 시장에 나오면 작품가는 더 올라갈 것입니다.

각각 다른 예술가가 제작했지만 외형적으로 유사한 작품들을 통해서 미술품의 가치를 판단하는 데 작품의 외형적 이미지보다 예술가의 아이디어와 스토리가 더 중요함을 이해할 수 있는 두 가지 사례를 더 살펴보겠습니다.

미술 시장에 대한 사전지식이 별로 없는 사람이라면, 다음의 이우환, 이강소의 작품을 보면 같은 예술가의 작품이 아닌가, 생각될 겁니다. 물론 그림 시장을 여러 번 다녀본 사람이라면 각각 이우환, 이강소 작가의 작품이라는 걸 알겠지요. 두 작가는 유사한 이미지의 작업을 선보이지만, 작품을 통해 전하는 메시지는 각각 다릅니다. 이우환은 앞서 설명했듯이 작업을 통해 사물과 인간, 사물과 사물, 사물과 세계의 관계를 탐구합니다. 이강소의 작품은 예술가의 서정적 판타지가 그려낸 상상의 풍경을 담고 있습니다. 이미지는 유사하지만 각 예술가가 작품에 담은 메시지는 다르며, 미술 시장에서 형성되어 있는 그림가도 모두 다릅니다.

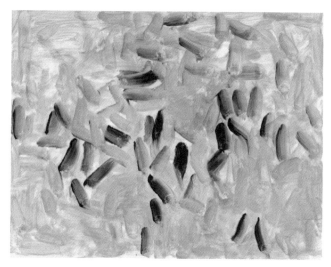

이번에는 전구를 소재로 한 석 점의 작품을 살펴보겠습니다. 모두 미술사적으로 크게 주목받는 작가들의 작품입니다. 하나는 1978년도에 제작된 이우환, 다른 하나는 펠릭스 곤잘레스 토레스, 나머지 하나는 양혜규의 작품입니다. 이우환은 이 전구 작품을 통해 사물과 사물 사이의 관계를 탐구하고, 토레스는 앞서 소개한 사탕 작업처럼 두 알의 전구를 통해서도 자신의 사랑 이야기를 전달합니다. 그리고 양혜규의 전구 작품은 노마딕한 개인의 자서전적 경험을 바탕으로 개체와 공동체의 관계를 탐구합니다. 이처럼 모두 전구라는 소재를 사용했지만 작품마다 담고 있는 의미는 다릅니다. 성공적인 컬렉션을 위해 미술품을 선택할 때는 시각적 이미지 이면에 담긴 작가의 메시지, 개념, 아이디어, 철학 그리고 그 작품에 대한 기록과 작품에 얽힌 스토리를 이해해야 합니다. 그래야만 미술품 본연의 아름다움, 가치를 이해할 수 있습니다.

아트 컬렉션의 원칙

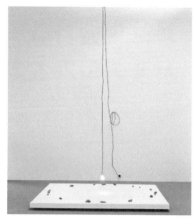

© Ufan Lee / ADAGP, Paris - SACK, Seoul, 2023

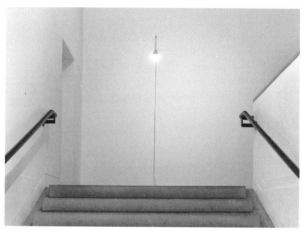

이우환 〈관계항〉(1978)

펠릭스 곤잘레스 토레스 〈무제〉(1991)

양혜규 〈서울근·근성_약진수〉(2010)

# 동일 예술가의 작품이라도
# 시장 가치가 모두 다르다

미술품 컬렉션에 성공하려면 예술가가 누구인지도 중요하지만 그 예술가의 어떤 작품인지가 더 중요합니다. 같은 예술가의 작품이라도 모두 동일한 시장 가치를 가지는 것이 아니기 때문입니다. 완성된 결과물이 다르다 보니 작품마다 다른 가치를 갖게 되는 거죠. 미술 시장은 주식이나 부동산 시장처럼 표준화하거나 통계를 내기가 어렵습니다. 미술 시장에 갓 입문하는 사람들이 진입하기가 어렵다고 느끼는 가장 주된 이유가 바로 이것입니다. 작품의 시장 가치가 달라지게 하는 요인들로는 어떤 것들이 있을까요?

2015년 11월 경매를 통해 거래된 앤디 워홀의 작품들 가격 분석을 해보겠습니다.

앤디 워홀은 그 유명세만큼이나 전 세계 컬렉터들의 사랑을 받는, 오늘날 시장에서도 가장 활발히 거래되는 작가 중 하나입니다. 그는 실크스크린이라는 제작 기법과 더불어 수년에 걸쳐 동일한 주제의 작품을 반복적으로 제작한 것으로 유명합니다. 그중에서도 무궁화꽃의 일종인 히비스커스라는 꽃 이미지를 모티브로 수십 년에 걸쳐 제작한 〈플라워Flowers〉 시리즈는 미술사적으로나 상업적으로나 주목할 만한 성공을 거둔 대표 프로젝트 중 하나죠.

그러나 시장에서 거래되는 〈플라워〉는 작품에 따라 가격이 천차만별입니다. 수백억, 수십억 원에 팔리는 작품이 있는가 하면 어떤 작품은 몇백만 원에도 거래가 되지 않기도 합니다.

전 세계에서 가장 비싸게 팔린 작품 1만 점을 높은 거래가 순으로 정리한 스케이츠skate's Top 1만 점 중에 워홀의 작품 384점이 포함되어 있습니다. 그리고 이 384점 중 59점이 〈플라워〉 시리즈입니다. 그중 최고로 꼽히는 것은 1964년 리넨에 제작한 121.9 × 121.9cm 크기의 작품입니다. 워홀은 1964년 한 해 동안만 해도 다양한 소재, 다양한 크기의 〈플라워〉 작업을 진행했습니다. 그러나 세월이 지나 이 작품들은 각기 다른 시장 가치를 가지게 됐습니다. 2015년 경매에서 거래된 워홀의 1964년 〈플라워〉 작품들을 통해 작품의 크기, 진품 여부, 제작 연도, 제작 재료 등에 따라 작품 가격이 어떻게 달라지는지 숨어 있는 정보를 좀 더 자세하게 살펴보겠습니다.

2015년 11월 베를린에 있는 경매회사 그리제바흐Grisebach에서 두 점의 〈플라워〉 작품이 경매에 나왔습니다. 경매회사가 제시한 추정가는 한화로 2억에서 2억 5,000만 원이었습니다. 12.6 × 12.6cm로 크기가 작은 작품이었지만, 워홀이 '플라워'를 테마로 한 작품을 제작한 여러 해 중 최고의 제작 시기로 꼽히는 1964년 작품이었습니다. 게다가 작가의 대표 소재인 캔버스 작품으로 액자 뒷면에 워홀의 사인이 있는 것을 고려하면 추정가가 너무 궁색하게 매겨진 것이 아닐까 생각할 수 있습니다. 그러나 경매 결과는 더 놀라웠습니다. 두 작품 모두 유찰된 겁니다. 작가의 주재료인 캔버스에 제작된 작품이고, 〈플라워〉 시리즈 최고의 제작 시기라는 1964년 작품인데 왜 그랬을까요? 워홀의 진품이라는 확신이 부족했기 때문입니다. 이 작품들은 워홀의 카탈로그 레조네에 실리지도 않았고, 앤디워홀재단의 진품 인증서도 없었기 때문에 컬렉터들의 관심을 끌지 못했습니다. 만약 이 작품이 베를린에 있는 작은 경매회사가 아니라 소더비나 크리스티 같은 경매회사를 통해 출품됐고, 카탈로그 레조네에 등록이 되어 있거나 작품보증서가 있었다면 경매 결과는 달라졌을 것입니다.

2015년 11월 댈러스의 헤리티지옥션Heritage Auctions 경매에서도 1964년에 제작된 워홀의 또 다른 〈플라워〉 작품이 나왔습니다. 크기는 55.88 × 55.88cm로 그리제바흐 경매에 나온 작품보다 컸지만 추정가는 그리제바흐 경매에 나왔던 작품보다 낮은 900만~1,400만 원이었습니다. 작품이 3배 정도 큰데 왜 이렇게 추정가에 차이가 나는 것일까요? 캔버스 작품이 아니라 종이에 제작된 석판화 작품이었기 때문입니다. 같은 테마, 같은 연도의 작품이라도 재료가 무엇이고 제작 기법이 무엇이냐에 따라 가격이 달라짐을 확인할 수 있습니다. 이 작품은 실제 경매에서 추정가를 훨씬 넘는 2,500만 원에 낙찰됐습니다. 추정가보다 높은 가격에 낙찰될 수 있었던 것은 이 작품이 유명 아트 딜러 레오 카스텔리Leo Castelli가 운영하는 갤러리에서 제작됐고 상태가 아주 좋았기 때문입니다.

비슷한 시기, 뉴욕의 스완 갤러리Swan Auction Gallery에서도 워홀의 1964년 석판화가 2,650만 원에 거래됐습니다. 헤리티지옥션에서 낙찰된 작품이나 스완 갤러리에서 거래된 작품의 가격이 비슷한 이유는 두 작품 모두 레오 카스텔리 갤러리에서 제작된, 에디션만 다른 작품이었고 상태도 유사했기 때문입니다.

11월 필라델피아 프리맨Freeman Auction 경매에도 90.96 × 90.96cm 크기의 〈플라워〉 두 점이 출품됐습니다. 색깔이 다른 이 두 작품은 모두 1970년대 작품으로 종이에 컬러 스크린프린트된 250점의 작품 중 71번이라는 에디션 넘버를 가졌습니다. 그러나 추정가도 달랐고, 낙찰가에서도 차이가 났습니다. 한 점은 3,000만~4,000만 원, 다른 한 점은 2,000만~3,000만 원이라는 추정가가 제시됐습니다. 그리고 경매 결과 각각 4,700만 원, 4,300만 원에 새로운 주인을 만났습니다. 두 작품의 추정가와 낙찰가가 달랐던 이유는 무엇일까요? 우선 이 작품들은 1970년대에 제작됐으며 종이에 인쇄된 판화이기 때문에 1964년에 캔버스에 제작된 작품과 가격 면에서 큰 차이를 보입니다. 같은 조건임에도 두 작품의 거래가가 다른 이유는 무엇일까요? 4,700만 원에 낙찰된 작품이 4,300만 원에 낙찰된 작품보다 좀 더 다양한 레이어의 프린트 과정을 거쳤기 때문입니다.

2015년 11월 크리스티 경매에도 1964년 캔버스에 아크릴로 제작된 위홀의 〈플라워〉 작품 두 점이 소개됐습니다. 크기가 35.5 × 35.5cm인 작품은 추정가가 8억 1,000만 원에서 12억 원이었는데 10억 원 선에서 낙찰됐고, 크기가 12.7 × 12.7cm인 캔버스 두 점이 하나의 세트로 나온 작품은 추정가 3억 5,000만 원에서 4억 5,000만 원이었는데 시작가인 3억 5,000만 원에 낙찰됐습니다. 둘 다 앤디워홀재단에서 발행한 진품 증명서는 없었습니다. 그러나 작품에 작가의 사인이 있고, 카탈로그 레조네에 등록된 작품이며, 전통 있는 갤러리 소나벤드Sonnabend 컬렉션으로 소나벤드의 보증과 함께 가고시안Gagosian 갤러리에서 전시된 경력이 있는 작품이어서 높은 가격에 낙찰될 수 있었습니다.

한편 2015년 6월 29일 런던의 필립스Phillips 경매에 출품됐던 35.5 × 35.5cm의 거의 같은 조건을 가진 〈플라워〉 작품은 13억 2,000만 원에 낙찰됐습니다. 같은 해 11월 경매에서 거래된 작품보다 무려 3억 2,000만 원이나 높은 가격입니다. 3억 원이 넘는 차이를 만든 요인은 무엇일까요? 우선 위홀 시장의 분위기가 11월보다 6월에 더 좋아 경쟁 역시 더 치열했을 가능성이 가장 큽니다. 그 밖의 요인으로는 작품의 상태가 좋았고, 진품임을 인정하는 앤디워홀재단의 스탬프가 찍혀 있었던 점을 들 수 있습니다.

동일 예술가가 창작한 각각의 예술품이 서로 다른 시장 가치를 갖게 되는 주요 요인은 다음과 같습니다.

**Andy Warhol**

| | |
|---|---|
| Title | Flowers |
| Description | Andy Warhol (1928-1987)Flowerssigned and dated 'ANDY WARHOL 64' (on the overlap) **More** ... |
| Medium | silkscreen ink on canvas |
| Year of Work | 1964 |
| Size | Height 14 in.; Width 14 in. / Height 35.5 cm.; Width 35.5 cm. |
| Misc. | Signed |
| Sale of | Christie's New York: Wednesday, November 11, 2015 [Lot 00164]<br>Post- War and Contemporary Art Morning Session |
| Estimate | 700,000 - 1,000,000 USD ◎ |
| Sold For | 869,000 USD Premium ◎ |

**Andy Warhol**

| | |
|---|---|
| Title | Flowers |
| Description | Andy Warhol (1928-1987)Flowerssigned and dated 'a.w. 64' (on the overlap of the **More** ... |
| Medium | two elements--silkscreen ink on canvas |
| Size | Height 5 in.; Width 5 in. / Height 12.7 cm.; Width 12.7 cm. |
| Misc. | Signed |
| Sale of | Christie's New York: Wednesday, November 11, 2015 [Lot 00165]<br>Post- War and Contemporary Art Morning Session |
| Estimate | 300,000 - 400,000 USD ◎ |
| Sold For | 293,000 USD Premium ◎ |

- 제작 시기

- 시리즈 여부

- 제작 기법 및 재료

- 장르

- 보관 상태(컨디션)

- 시장이 선호하는 소재나 주제

- 작품 구성상 완성도

- 작품 또는 소장자 히스토리(프로비던스)

- 진위를 확인할 수 있는 보증서 및 레조네 기입 여부

- 작품이 거래되는 시장(갤러리, 경매 등)의 인지도

## 프로비던스

예술가의 가치를 작가의 CV를 통해 판단할 수 있다면, 개별 작품의 가치는 작품의 프로비던스를 통해 확인할 수 있습니다. 같은 작가의 작품인데도 가치가 제각각인 이유는 완성도, 제작 연도, 크기 같은 물리적 형태에만 있지 않습니다. 누가 소장했고, 어떤 기관에서 전시됐으며, 작품에 얽힌 특별한 스토리가 있느냐 아니냐도 영향을 미칩니다. 이런 요인들을 프로비던스라고 합니다. 예술가의 손을 떠나 시장에서 반복 거래되고 전시되는 작품들은 저마다 고유의 역사를 갖게 되고, 이 역사가 작품에 시간의 가치를 더하게 됩니다.

# 02

얼마부터
시작할 수
있을까?

# how to invest in art?

# 한두 달 치 월급으로
# 가능하다?

미술 시장에 조금이라도 관심을 가져본 사람이라면, 한두 달 치 월급 정도의 예산으로 누구나 미술품을 컬렉션할 수 있다는 말을 들어본 적이 있을 겁니다. 정말 그럴까요? 2020년 국세청 근로소득 연말정산 신고 현황에 따르면 직장인 1인당 평균 급여는 월 3,137,668원으로 약 314만 원 정도 됩니다. 그렇다면 300만 원에서 600만 원 정도로 미술품을 컬렉션할 수 있다는 얘기가 되는데요. 과연 미술 시장에서 거래되는 작품의 상당수가 이 가격대일까요?

미술품 거래가 가장 많이 이루어지는 시장은 갤러리와 경매회사입니다. 그리고 최근에는 온라인 플랫폼을 통한 미술품 거래도 증가하고 있습니다. 이번 장에서는 갤러리, 경매회사, 온라인 플랫폼에서 거래되는 미술품의 가격 분포를 살펴보겠습니다.

스위스 금융 기업 UBS와 세계 최고의 아트페어 중 하나인 아트바젤이 함께 해마다 발표하는 아트마켓 리포트를 바탕으로, 미술 시장에서 거래된 작품들의 가격대별 평균 거래량을 살펴봅시다. 리포트에 따르면 갤러리의 미술품 거래량 중 80%의 미술품이 5만 달러(한화 약 6,000만 원) 이하에서 거래됐으며, 45%가 5,000달러(한화 약 600만 원) 이하에서 거래됐습니다. 국내 그림 시장에 국한해서 보더라도 갤러리와 경매를 통해 거래되는 그림의 약 90%는 1억 원 미만이고, 이 중 80%가 1,000만 원 이하에서 거래됐으며, 가장 많이 거래되는 가격대는 200만~500만 원으로 추정됩니다. 즉, 실제로 한국 근로자의 한두 달 치 월급에 해당하는 가격대의 작품이 가장 많이 거래되고 있음을 확인할 수 있습니다.

**미술 시장 거래가 분포** (코로나 전후 2019 vs. 2020)　　　　　　　(출처: 아트마켓 리포트)

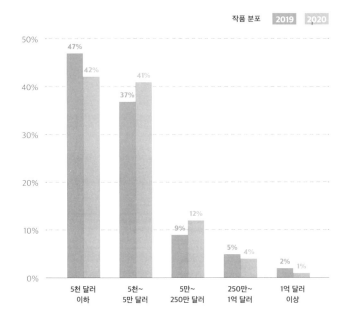

　　　　　　　　　　　　　　　　얼마부터 시작할 수 있을까?

한두 달 치 월급으로 미술품 컬렉션이 가능하다는 말은 오늘날에만 국한되지 않습니다. 과거에도 그 정도면 오늘날 잘 알려진 유명 예술가들의 작품을 컬렉션할 수 있었습니다. 오늘날 많은 이들에게 사랑받고 있는 고갱, 고흐의 작품도 당대에는 같은 이야기를 할 수 있었습니다. 이들이 왕성한 작품 활동을 하던 시절 일반 노동자의 평균 월급은 150프랑이었고, 고갱의 작품은 100프랑, 고흐의 작품은 300프랑이었으니까요. 오늘날 국내 미술 시장을 주도하는 김환기, 이우환, 박서보, 정상화, 윤형근 같은 단색화 작가들도 예외는 아닙니다. 지금 수억, 수백억 하는 이들의 작품도 처음부터 비쌌던 것은 아닙니다. 우리나라 최고가 기록을 보유한 김환기의 작품은 1960년대에 갤러리에서 6,000~7,000원 정도에 거래됐습니다. 1960년대 초급 공무원의 월급이 4,000원(당시 돈으로 4만 환)이었으니 두 달 치 월급을 투자하면 김환기 작품을 살 수 있었다는 얘기입니다. 김환기의 작품은 1980년대 들어서야 호당 500만~700만 원을 호가하게 됩니다. 이때쯤에는 반포의 대형 아파트 한 채 값에 달할 만큼 가격이 껑충 뛴 것입니다.

언제부터인가 단색화 작가들의 작품을 구입하려면 수천만 원에서 수억 원의 목돈이 필요해졌지만, 약 10년 전만 해도 한두 달 정도의 월급이면 누구나 살 수 있었습니다. 2021년 가을 기준 4,900만 원을 호가하는 단색화 대표 작가 박서보의 5호 묘법 캔버스 작품은 2013년에 350만 원 정도면 구입할 수 있었으며, 2021년 가을 기준 2,400만 원을 호가하는 또 다른 단색화 작가 하종현의 1990년대 4호 작품은 2012년에 120만 원 정도면 소장할 수 있었습니다. 국내외 미술 시장에서 끊임없이 인기몰이를 하고 있는 일본 팝 작가 쿠사마 야요이의 1호 〈호박〉 시리즈 캔버스 작품 또한 현재 작품가가 5억을 호가하지만, 2000년대 초반에는 300만 원 정도에 컬렉션할 수 있었습니다.

물론 한두 달 치 월급은 적지 않은 돈입니다. 그리고 그 돈으로 미술품 컬렉팅이 충분하다고 권유하는 것도 아닙니다. 때에 따라서는 그보다 적은 예산으로도 훌륭한 미술품을 획득할 수 있습니다. 반면 막상 미술품을 구입하려고 들면 한두 달 치 월급보다 더 많은 돈을 가지고 있어도 예산이 충분치 않다고 생각하게 됩니다. 몇백만 원대든 몇천만 원대든 몇억 원대든, 모든 컬렉터는 예산이 항상 부족하다고 느끼기 마련이죠. 그러나 예산이 충분치 않아도 좋은 컬렉션을 할 수 있습니다. 저의 이전 책에서도 소개한 적이 있는 평범한 우체부 허버트 보겔Herbert Vogel이 대표적인 컬렉터입니다.

그는 살아생전 부인과 함께 평균 연봉 2만 달러(약 2,300만 원)를 아껴 50여 년간 무려 5,000여 점의 작품을 컬렉션하여 몇 년 전 미국 50개 주 50여 개의 공공 기관에 기증했습니다. 보겔 부부의 컬렉션에는 칼 안드레Carl Andre, 요셉 보이스Joseph Beuys, 크리스토 부부Christo and Jeanne-Claude, 도널드 저드Donald Judd, 솔 르윗Sol LeWitt, 조엘 샤피로Joel Shapiro, 신디 셔먼Cindy Sherman, 척 클로스Chuck Close, 로이 리히텐슈타인Roy Fox Lichtenstein, 앤디 워홀, 히로시 스기모토Hiroshi Sugimoto, 백남준 등의 작품이 포함돼 있습니다. 특히 1960년대 후기 미국의 미니멀리즘과 개념미술의 흐름을 잘 보여주는, 미술사적으로 아주 중요한 미술품들로 컬렉션이 구성되어 있었습니다. 이들 컬렉션의 시장 가치는 원화로 수백억 원에 달합니다.

# 예산별
# 구입 가능한 작품군

'내가 가진 예산으로 어떤 작품들을 컬렉션할 수 있을까?'

　미술품 가격은 어떤 작가, 어떤 작품이냐에 따라, 또 시장 상황에 따라 변동할 수 있습니다. 만약 당신이 미술품 컬렉션을 처음 시작하는 입장이라면, 자신이 컬렉션할 수 있는 작품의 유형과 원하는 미술품 구입에 어느 정도 예산이 필요한지 알아야 하고 그에 맞춰 계획해야 합니다.

　일반적으로 예산이 100만 원 이하라면 이머징 작가의 일부 작품이나 판화, 작가가 정확하게 밝혀지지 않은 작자 미상의 고미술품 일부를 구입할 수 있습니다. 100만 원에서 500만 원 정도라면 일부 고미술품과 아직 저평가된 주요 작가의 판화나 조각 같은 한정판 작품, 사진 작품을 컬렉션할 수 있습니다. 500만 원에서 1,000만 원 사이라면 주요 작가의 사이즈가 작은 작품이나 종이 작품을 컬렉션할 수 있습니다. 그리고 1,000만 원에서 5,000만 원 사이라면 기성 작가의 주요 작품뿐만 아니라 일부 블루칩 작가의 작은 작품 또는 드로잉, 종이 작품 그리고 주요 근현대 작가의 판화, 조각 같은 한정판 작품을 소장할 수 있습니다. 단색화와 같은 국내 블루칩 작가의 캔버스 작품을 컬렉션하려면 최소 1억 원 이상의 예산이 필요하며, 해외 블루칩 작가의 작품을 컬렉션하는 데는 더 많은 예산이 필요합니다.

---

**작가 분류**

- 이머징 작가emerging artist: 경력 초기 단계에 있는 작가로 주목을 받고 있긴 하지만 미술 평론가, 미술 바이어, 갤러리 사이에서 아직 예술가로서 확고한 명성을 확립하지 못한 작가
- 주요 작가established artist: 미술 평론가, 미술 바이어, 갤러리 등 미술계의 이해관계자들 사이에서 예술가로서 확고한 명성을 쌓은 작가
- 블루칩 작가blue chip artist: 주요 작가 중 경매를 비롯한 2차 시장에서 수년 동안 지속적으로 판매량이 증가하고 작품가가 상승해온, 시장 선호도가 높은 작가

---

많은 사람이 이미 시장에서 블루칩이 된 예술가의 작품을 사고 싶어 합니다. 그렇다면 내가 가진 예산으로 블루칩 작가의 작품을 소장할 수 있을까요? 앞서도 언급했지만 동일 예술가의 작품이라도 소재, 제작 시기, 사이즈, 주제에 따라 시장에서 거래되는 가격이 모두 다릅니다. 국내 미술 시장에서 활발하게 거래되는 김환기, 이우환의 작품 종류에 따른 가격 분포를 살펴보겠습니다.

## 김환기 작가의 소재별 작품가 비교

무제
1960년대
종이에 연필
27.5×21cm

추정가 600만~1,500만 원

무제
1970년
종이에 마커, 색연필
28×21.5cm

추정가 1,000만~2,500만 원

무제
연도미상
종이에 과슈
30.7×21.2cm

추정가 2,000만~3,500만 원

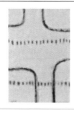

12-I-68 I
1968년
신문지에 유채
56×37.2cm

추정가 5,000만~7,000만 원

무제
연도미상
캔버스에 유채
52.3×40.5cm

추정가 3억~5억 원

12-V-70 #172
1970년
코튼에 유채
236×173cm

추정가 45억~58억 원

국내 서울옥션·케이옥션 경매 낙찰가 기준으로 작성

얼마부터 시작할 수 있을까?

무제
1988년 종이 작품
18.5×28cm

추정가 500만~1,000만 원

다이얼로그
2013년 리토그라피
44×59cm　ed.155/250

추정가 1,500만~2,500만 원

무제
2010년 세라믹
지름 35.5cm

추정가 1,800만~4,000만 원

다이얼로그 2019 B
2019년 리토그라피
75.3×58cm　ed. 16/50

추정가 2,000만~4,000만 원

무제
연도미상 테라코타
49×34.5cm

추정가 2,700만~5,000만 원

점으로부터
1979년 캔버스 작품
40.5×32cm(6호)

추정가 1억 8,000만~3억 원

선으로부터
1980년 캔버스 작품
53×45.5cm(10호)

추정가2억 2,000만~3억 5,000만원

조응
2006년 캔버스 작품
194.6×161.3cm

추정가 6억~10억 원

동풍
1984년 캔버스 작품
224×181cm(150호)

낙찰가는 31억 원

2022-2021년 경매 자료 서울옥션에서 발췌

사실 대다수 컬렉터는 블루칩 작가의 대표 작품이나 캔버스 같은, 그 작가의 주재료로 제작된 작품을 컬렉션하기를 원합니다. 그러나 예산이 충분치 않다면 그 예술가의 아이디어나 필력이 함축된 드로잉이나 종이 작품, 판화 같은 한정판 작품이 대안이 될 수 있습니다. 물론 이런 작품들은 시각적인 만족을 주지 못할 수도 있습니다. 그러나 미술품 컬렉션은 궁극적으로 이미지가 아니라 한 예술가의 아이디어, 개념, 열정, 작품에 봉인된 시간의 흔적을 사는 것입니다. 이런 의미를 깨닫는다면 예술가의 작은 드로잉, 소품, 판화 등을 통해서도 컬렉션의 목적을 충족할 수 있습니다.

# 미술관에 걸린
# 그림은 얼마일까요?

2019년 서울시립미술관에서는 영국 팝 작가 데이비드 호크니David Hockney의 전시가 열렸습니다. 호크니는 2018년 11월 크리스티 뉴욕 경매에서 <예술가의 초상Portrait of an Artist>이라는 대형 캔버스 작품을 1,019억 원에 낙찰시키며 당시 세계에서 가장 비싼 생존 미술가로 등극한 인물로, 국내에서 열린 그의 전시 또한 선풍적인 인기를 모았습니다. 전시 종료 하루 전까지도 입구에서 한두 시간을 기다려야 입장할 수 있었을 정도로 전시 기간 내내 관람 인파로 발 디딜 틈이 없었습니다.

예술을 잘 모르는 사람이라도 호크니의 작품은 누구나 좋아할 만한 요소들을 두루 갖추고 있습니다. 난해하고 기이한 형태의 미술품들이 쏟아지는 오늘날 아름답고 화사한 색채, 우리에게 친숙한 일상, 풍경, 정물을 주제로 한 그의 작품은 시각적 편안함과 즐거움을 선사합니다. 이런 매력만으로도 호크니 전시는 관람객의 관심을 끌기에 충분했지만, 관람 인파가 몰린 이유는 따로 있었죠. 당시 현존하는 미술계 최고의 작품가 기록을 보유한 예술가의 작품을 보고 싶다는 호기심 말입니다. 그렇다면 당시 전시된 미술품들의 가격은 얼마나 될까요? 회화, 드로잉, 판화 등 133점의 작품이 전시됐는데요. 미술관에 걸린 그의 회화 작품은 최소 수십억에서 수백억 원을 호가하지만 전시되는 작품 중에는 에디션이 여러 개인 다수의 에칭판화가 포함되어 있었습니다. 전시된 에칭판화 중 상당수가 국내외 미술시장에서 2,000~5,000달러(한화 약 250만~600만 원) 선에 거래되는 작품들이었습니다. 그리고 지금 그 에칭판화들은 미술 시장에서 약 1,000만 원의 시세를 형성하고 있습니다.

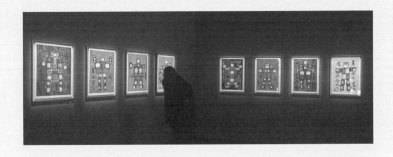

아모레퍼시픽은 수준 높은 미술품 컬렉션으로 유명한 기업 중 하나로 백남준의 대표 작품을 상당수 소유한 것으로 알려져 있습니다. 2018년 용산 신사옥에 새로운 미술관을 개관하면서 2부 개관 전시에 여덟 장으로 구성된 백남준 판화 세트를 전시했죠. 그렇다면 이 작품은 얼마일까요? 미술관 운영 예산이 넉넉할 것 같은 대기업이 소장한 작품이니 가격이 꽤 나갈 것으로 생각될 것입니다. 그러나 사실 이 판화 세트는 약 10년 전에 시장에서 한 점에 200만 원대에 거래되던 것이었습니다. 2021년 기준 이 작품은 한 점에 700만 원에서 1,000만 원, 여덟 점 세트는 6,000만 원에서 8,000만 원의 시세를 형성했습니다.

우리는 막연하게 미술관 소장품, 미술관 전시 작품이라면 무조건 비쌀 거라고 생각합니다. 실제로도 미술관은 가격을 감정하기 어려운 고가의 귀한 작품들을 많이 소장하고 있는 것이 사실입니다. 그러나 미술관이라고 비싼 작품만 소장하는 건 아닙니다. 기업 미술관의 컬렉션 방향은 고가의 작품이 아니라 좋은 작품, 미술관의 콘셉트에 맞는 작품을 소장하는 것입니다.

# 구매가와 가격 상승률은 비례할까?

미술품 구매가와 가격 상승률은 비례할까요? 즉, 구매 금액과 가격 상승률 간에는 어떤 상관관계가 있을까요? 미술품 컬렉션의 목적이 투자든 아니든 컬렉터 모두가 공통으로 갖는 궁금증입니다. 미술품을 구입하는 사람 중 열에 여덟아홉은 본인이 소장한 미술품 가격 상승에 관심이 있습니다. 꼭 미술품을 통한 재테크를 기대하거나 투자를 목적으로 컬렉션하는 것이 아니라고 하더라도, 자본주의 시대에 컬렉터의 안목을 평가하는 기준이 되니까요. 또한 미술사적 가치 평가가 온전하게 이루어질 수 없는 동시대 미술품의 경우, 작품의 가격이 예술가나 작품의 가치를 평가하는 데 주요 기준이 되기 때문이기도 합니다.

결론부터 말하면, 구매 예산이 많으면 많을수록 컬렉션 시 선택의 폭이 넓어지는 것은 사실이지만 구매 금액이 크다고 그 투자가 더 안정적이라거나 그림가가 상승한다는 보장은 할 수 없습니다. 국내외 미술 시장에서 활발한 거래를 보였던 쿠사마 야요이와 박서보 작가의 실제 거래 사례를 통해 연평균 상승률을 분석해보면, 구매가와 그림가 상승률 간에 상관관계가 없음을 확인할 수 있습니다.

일본 팝아트 1세대 대표 작가라는 미술사적 평가와 함께 미술계의 주목을 받고 있는 쿠사마 야요이는 2000년 이래로 국내외 미술 시장에서 가장 높은 작품가 상승을 보인 작가에 속합니다. 그녀의 1990년대 1호 사이즈(15.8×22.7cm) 〈호박〉 시리즈 캔버스에 그려진 유화 작품은 2021년 10월 기준 약 4억 9,000만 원에서 5억 4,000만 원을 호가하고 있습니다. 10년 전만 해도 3,000만~4,000만 원 선에서 살 수 있었으며, 15년 전에는 1,000만~2,000만 원 선에서 거래되던 작품입니다. 그렇다면 15년 전 120개의 에디션으로 제작된 24×28cm 크기의 〈호박〉 판화는 얼마였을까요? 당시 70만 원부터 270만 원 사이에서 거래됐습니다. 그리고 현재 그 작품은 6,500만 원부터 9,500만 원 사이를 오가며 거래가 이루어지고 있습니다. 2007년부터 2021년까지 15년간 쿠사마의 1호 캔버스 작품과 120개 에디션 판화 작품의 국내 경매 낙찰가를 기반으로 가격 변화 그래프를 그려봤습니다. 연평균 상승률을 계산해보니 캔버스 작품은 6%, 판화는 38.34%가 나옵니다.

이를 통해서도 구매가와 그림가 상승 간에는 일관된 규칙이 없다는 점을 확인할 수 있습니다. 사실 그림가 상승률은 얼마나 고가의 미술품을 구입했느냐보다 소장 구간, 소장 기간, 어떤 작품을 소장했는지에 더 많은 영향을 받습니다.

## 쿠사마 야요이의 캔버스·판화의 가격 상승률 비교

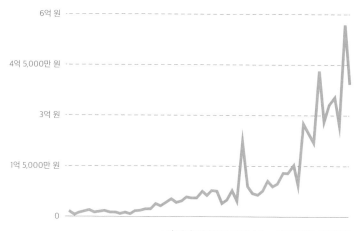

노란 〈호박〉 캔버스 1호 22.7×15.8cm, 1990년대 작품 가격 변화
2001년 6월부터 2021년 10월까지

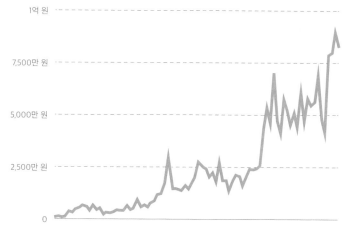

노란 〈호박〉 판화 에디션 120개 24×28cm 가격 변화
2007년 11월부터 2021년 10월까지

# 03

## 미술 시장의 구조와 미술품 가격의 결정 요인

# how to invest in art?

# 미술 시장의
# 구조

미술 시장은 크게 1차 시장과 2차 시장으로 구분할 수 있습니다. 1차 시장은 예술가의 작품이 처음 소개되고 처음 거래되는 시장을 말하며, 2차 시장은 한 번 이상 거래됐던 작품이 재거래되는 시장을 말합니다. 1차 시장의 가장 대표적인 형태는 갤러리(화랑)이며, 2차 시장의 대표적인 형태는 경매회사입니다. 물론 갤러리가 2차 시장의 역할을 할 수도 있고, 경매회사가 1차 시장의 역할을 하기도 합니다. 그러나 통상적으로 갤러리는 주로 1차 시장, 경매회사는 주로 2차 시장의 역할을 합니다. 갤러리가 참여하고 개입하는 아트페어에서는 작가의 신작을 거래하기도 하고 고객이 판매 위탁한 작품을 가지고 나와 거래하기도 하기 때문에 1차 시장과 2차 시장의 특징을 동시에 가지고 있다고 볼 수 있습니다.

미술 시장을 군이 1차 시장과 2차 시장으로 구분하는 이유는 각 시장의 그림가 결정 요인이 다르고 시장별로 접근하는 방식이 다르기 때문인데, 이에 대해서는 앞으로 차근차근 설명하겠습니다.

**미술 시장의 구조**

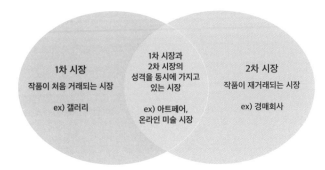

## 갤러리(화랑)

작품 판매를 목적으로 예술가를 발탁하고, 그 예술가의 시장과 경력을 관리·프로모션하며, 작가의 작품을 전시하는 상업 공간을 말합니다. 외국에는 미술관 성격의 비영리 갤러리들이 있고, 우리나라 인사동이나 강남 일부에는 갤러리라는 간판을 내걸고 작가 프로모션 없이 작품만 판매하거나 전시하길 원하는 작가에게 장소를 빌려주는 곳도 있습니다. 다만, 이 책에서 언급하는 갤러리는 특정 예술가들과 전속 계약을 맺고 해당 예술가들을 프로모션하거나 정기적으로 전시를 기획하며 그 예술가의 전시 경력이나 시장을 전반적으로 관리하는 전시 공간을 가리킵니다.

## 경매회사

한 번 이상 거래됐던 작품이 재거래되는 대표적인 2차 시장으로, 소장하던 작품을 팔기를 원하는 고객과 작품을 구입하길 원하는 고객 사이에서 구매 가격을 가장 높이 부르는 사람에게 미술품 거래를 중개하는 역할을 하는 미술 시장입니다. 경매라는 이벤트를 통해 작품을 거래하는 것이 정석이지만, 경매 이벤트가 없을 때도 고객의 작품을 위탁받아 상시 프라이빗 세일을 진행하기도 합니다.

## 아트페어

정기적으로(주로 1년 단위로) 작게는 수십 개, 많게는 수백 개의 갤러리가 동시에 특정 시간, 특정 지역, 특정 장소에 모여 미술품을 거래하는 마켓입니다. 미술 시장의 동향이나 동시대 미술에 대한 정보를 교류하는 박람회 형태의 플랫폼들을 지칭합니다.

## 온라인 미술품 거래 플랫폼

갤러리, 경매, 아트페어 시스템을 온라인상에 도입한 것을 말합니다. 온라인 미술품 거래 시스템은 크게 두 가지 유형으로 나눌 수 있습니다. 하나는 기존 오프라인 갤러리와 경매회사가 온라인상에서 운영하는 홈페이지 또는 온라인 갤러리(온라인 뷰잉룸), 온라인 경매 사이트입니다. 그리고 다른 하나는 기존 오프라인 갤러리와 경매회사들이 온라인상에서 미술품을 거래할 수 있도록 제3자가 제공하는 온라인 경매 또는 온라인 갤러리 플랫폼입니다.

## 아트 어드바이저(아트 컨설턴트)

컬렉터 개개인에게 컬렉션 목적이나 예산에 맞춰 컬렉팅 조언을 해주고, 컬렉터가 구입하길 원하는 작품을 찾아주고 거래를 돕는 미술품 중개자를 말합니다. 주로 컬렉터에게 고용되며 1차 시장과 2차 시장 구분 없이 활동합니다.

**각 시장 미술품 거래총액 점유율**   (출처: 아트마켓 리포트)

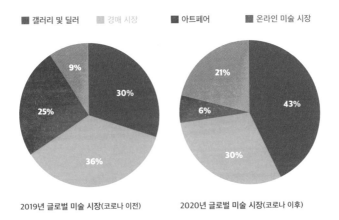

2019년 글로벌 미술 시장(코로나 이전)    2020년 글로벌 미술 시장(코로나 이후)

# 미술품 가격은
# 어떻게 결정될까?

시장에서 거래되는 모든 상품에는 가격이 있고, 그 가격을 기준으로 다른 재화와 교환됩니다. 수 세기에 걸쳐 그림 시장이 존재하고 미술품이 꾸준히 거래된 것은 예술품이 다른 재화와 교환될 시장 가치가 충분히 있다고 판단됐기 때문입니다.

미술품의 가치는 시장 가격으로 어떻게 환산될까요? 왜 어떤 그림은 몇십만 원에 거래되고 어떤 그림은 수천만 원, 수억 원, 수백억 원을 호가하는 걸까요? 예술품을 소유하는 사람이나 예술 작업을 하는 사람이나 가장 궁금해하는 것이 미술품의 가치가 시장 가격으로 환산되는 과정일 것입니다. 실제 제가 미술 시장에서 가장 많이 받아본 질문이기도 합니다. 지금부터 사람에 따라 주관적이고 상대적일 수 있는 미술품의 가치가 어떻게 객관적인 가격으로 환산되는지 살펴보겠습니다.

미술품 가격을 결정하는 요인들을 이해하려면, 앞서 설명한 1차 시장과 2차 시장의 개념을 알아야 합니다.

## 1차 시장의 그림가 결정 요인: 예술가의 명성과 호당 가격제

1차 시장에서 그림가를 결정하는 데 핵심이 되는 요소는 예술가의 개입, 예술가의 브랜드 가치, 작품의 크기 세 가지로 요약할 수 있습니다.

작가의 작품이 처음 시장에 소개되는 1차 시장에서는 작가가 가격 결정에 개입합니다. 전속 갤러리가 있는 예술가는 갤러리와 협의하여 결정하고, 전속 갤러리가 없는 예술가는 직접 결정하죠. 이때 고려하는 요인이 예술가의 브랜드 가치입니다. 예술가의 브랜드 가치는 과거 작품 거래 기록, 즉 기존 시장 인지도, 전시 경력, 미학적·미술사적 평가를 바탕으로 형성됩니다. 과거 시장 거래 기록이 없는 젊은 신진 작가라면 주로 비슷한 연배, 비슷한 전시 경력이 있는 예술가의 작품가를 기준으로 자기 작품가를 결정하기도 합니다. 그러나 작품 활동 기간이 길어지면서 경력이 쌓이고 시장 인지도가 차별화되며 미술계의 가치 평가가 이뤄지면, 이를 바탕으로 예술가 고유의 브랜드 가치가 형성됩니다.

이 브랜드 가치는 시장 가격으로 환산하기 위해 미술 시장에서만 통용되는 그림 크기의 최소 단위인 호당 가격으로 규격화되기도 합니다. 가로세로 18×14cm의 엽서 크기를 '0호'라고 하고 정해진 표준 크기에 따라 호수가 매겨집니다. 같은 연배에 같은 학교 출신이고 작업 활동 기간도 같은 작가이며 같은 재료와 도구를 사용해 작품을 만들더라도 예술가마다 호당 가격이 천차만별인 이유는 예술가의 브랜드 가치가 다르기 때문입니다. 자본주의 노동 시장에서 직급과 능력에 따라 호봉과 보너스가 차등 지급된다는 걸 생각하면 좀 더 이해하기 쉽습니다.

예술가의 개별 그림가는 호당 가격을 기반으로 그림의 크기가 커지는 데 비례해 올라갑니다. 단순히 그림의 크기가 커질수록 작품가가 높아지는 건데요. 작은 작품보다 큰 작품을 완성할 때 노동력과 재료비가 더 많이 든다는 상식을 적용한 것입니다. 이런 가격 시스템을 호당 가격제라고 합니다.

**그림 호수표**

| 호수 | 인물(Figure) | 풍경(Paysages) | 바다(Marine) |
|---|---|---|---|
| 0 | 18×14 | | |
| 1 | 22.7×15.8 | 22.7×14.0 | 22.7×12.0 |
| 2 | 25.8×17.9 | 28.8×16.0 | 25.8×14.0 |
| 3 | 27.3×22.0 | 27.3×19.0 | 27.3×16.0 |
| 4 | 33.4×24.2 | 33.4×21.2 | 33.4×19.0 |
| 5 | 34.8×27.3 | 34.8×24.2 | 34.8×21.2 |
| 6 | 40.9×31.8 | 40.9×27.3 | 40.9×24.2 |
| 8 | 45.5×37.9 | 45.5×33.4 | 45.5×27.3 |
| 10 | 53.0×45.5 | 53.0×40.9 | 53.0×33.4 |
| 12 | 60.6×50.0 | 60.6×45.5 | 60.6×40.9 |
| 15 | 65.1×53.0 | 65.1×50.0 | 65.1×45.5 |
| 20 | 72.7×60.6 | 72.7×53.0 | 72.7×50.0 |

| 호수 | 인물(Figure) | 풍경(Paysages) | 바다(Marine) |
| --- | --- | --- | --- |
| 25 | 80.3×65.1 | 80.3×60.6 | 80.3×53.0 |
| 30 | 90.9×72.7 | 90.9×65.1 | 90.9×60.6 |
| 40 | 100.0×80.3 | 100.0×72.7 | 100.0×65.1 |
| 50 | 116.8×91.0 | 116.8×80.3 | 116.8×72.7 |
| 60 | 130.3×97.0 | 130.3×89.4 | 130.3×80.3 |
| 80 | 145.5×112.1 | 145.5×97.0 | 145.5×89.4 |
| 100 | 162.2×130.3 | 162.2×112.1 | 162.2×97.0 |
| 120 | 193.9×130.3 | 193.9×112.1 | 193.9×97.0 |
| 150 | 227.3×181.8 | 227.3×162.1 | 227.3×145.5 |
| 200 | 259.1×193.9 | 259.1×181.8 | 259.1×162.1 |
| 300 | 290.9×218.2 | 290.9×197.0 | 290.9×181.8 |
| 500 | 333.3×248.5 | 333.3×218.2 | 333.3×197.0 |

## 호당 가격 산출 비율표

| 10호 | 12호 | 15호 | 20호 | 25호 | 30호 |
| --- | --- | --- | --- | --- | --- |
| 1 | 1.2 | 1.6 | 2.4 | 1.8 | 2.4 |
| 60호 | 80호 | 100호 | 120호 | 150호 | 300호 |
| 4 | 4.3 | 5 | 6 | 7.5 | 10 |

'호'는 그림 크기, 즉 그림이 그려진 캔버스의 규격을 가리키는 용어입니다. 작품의 가로세로 호수 표준 규격은 그림의 소재가 인물이냐, 일반 풍경이냐, 바다 풍경이냐에 따라 조금씩 달라집니다. 하지만 그림의 소재는 이보다 훨씬 다양하고, 정해진 호수 크기에 맞춰 그림을 제작하지 않는 작가들도 있습니다. 실제 캔버스의 규격이 호당으로 정해진 규격과 맞지 않을 때는 가장 근접한 호수를 적용하며 앞에 변형을 붙여 '변형 몇 호'라고 부릅니다. 예를 들어 30×20cm의 풍경화는 4호 크기에 근접하므로 '변형 4호'라고 부릅니다.

호당 가격제에서 그림가를 산출하는 방식은 다음과 같습니다.

1차 시장 그림가 = 작가의 브랜드 가치
→ 호당 가격으로 환원 × (그림의 크기: 호당 그림가 상승 비율)

- 예시: 호당 가격제에 따른 그림가 계산
  A 작가의 호당 가격이 60만 원이라고 할 때
  ○ 10호 가격 = 60 × 10 = 600만 원
  ○ 60호 가격 = 60 × 10 × 4 = 2,400만 원
  ※ 호당 그림가는 10호를 기준으로 계산합니다.

어떤 예술가는 작품의 시리즈나 제작 시기에 따라 다른 호당 가격제를 적용하기도 합니다. 박서보 작가가 대표적이죠. 하지만 모든 예

술가가 작품가를 결정할 때 호당 가격제와 호당 가격 산출 기준을 적용하는 것은 아닙니다. 작가와 갤러리가 협의하여 작품별로 가격을 결정하기도 하는데, 이때는 주로 작가의 판단에 의존합니다. 그림가를 결정할 때 필수적으로 호당 가격제를 도입하는 것은 아니지만, 개별 작품의 가격을 결정할 때도 예술가의 브랜드 가치와 작품의 크기가 주요 요인입니다.

그러면 이런 궁금증이 생길 겁니다. '작품가를 예술가가 책정한다면 자기가 받고 싶은 만큼 부를 수 있는 것 아닐까?' 이렇게 생각해봅시다. 예를 들어 예술가가 자기 작품가를 1,000만 원 호가했더니 시장에서 외면받고 500만 원에 팔렸다면, 그래도 1,000만 원을 고집할까요? 작가가 작품가를 결정할 때는 자신의 경력과 시장 인지도, 그리고 미술 시장의 상황을 심사숙고합니다. 작품가는 우리가 의심하는 것보다 신중하고 합리적으로 결정됩니다.


## 2차 시장 그림가 결정 요인: 수요와 공급

작품은 1차 시장에서도 구입할 수 있고 2차 시장에서도 구입할 수 있습니다. 그런데 소장하는 작품을 되파는 입장이라면 2차 시장에 참여하는 것이기 때문에 1차 시장보다 2차 시장의 그림가 결정 요인을 좀 더 눈여겨볼 필요가 있습니다.

한 번 이상 판매가 이루어진 작품이 재거래되는 2차 시장에서 그림 가가 결정되는 요인은 1차 시장과 사뭇 다릅니다. 우선 2차 시장에서는 작품가를 결정하는 데 예술가가 개입할 수 없죠. 동일 작가의 동일 사이즈, 동일 제작 연도, 동일 소재로 제작된 작품들이라고 하더라도 거래가 성사되는 가격은 모두 다릅니다. 즉 2차 시장에서는 정가가 존재하지 않고 시세, 거래가만 존재합니다. 그렇다면 2차 시장에서 그림 가를 결정하는 요인은 무엇일까요? 작품이 갖는 개별 스토리, 희소성, 거래 타이밍, 작품의 완성도, 작품 제작 시기, 시장 선호도, 유통 경로, 구매자와 판매자의 거래 심리입니다. 2차 시장에서는 이런 요인들이 시장의 수급 상황과 맞물려 작품에 반영돼 시세, 거래가를 형성합니다. 미술품 컬렉션의 주목적이 아트테크라면, 1차 시장에서 작품을 구입할 때도 2차 시장에서 그림가 결정에 영향을 미치는 요인들을 유념해야 합니다.

2차 시장에서 그림가를 결정하는 요인은 다음과 같습니다.

## 작품이 갖는 개별 스토리

1차 시장에서는 작가의 브랜드 가치가 그림가에 반영되지만, 2차 시장에서는 각 작품의 스토리가 더 중요합니다. 여기서 스토리란 작품의 출처, 즉 이 작품이 어떤 기관에서 전시됐고, 누가 이 작품을 소장했는지, 작품에 얽힌 특별한 에피소드가 있는지 등을 포함합니다. 앞서 언급했듯이 이를 작품의 프로비던스라고 합니다. 프로비던스가 길다고 무조건 좋은 것은 아니며, 그 내용이 더 중요합니다.

## 작품 완성도, 작품 제작 시기, 시장 선호도

같은 예술가가 창작한 작품이라도 사진, 조각, 판화처럼 에디션이 있는 작품이 아니라면 완성된 결과물이 모두 다릅니다. 같은 시기에 제작됐고 같은 전시에 소개되며 작품 소재와 크기가 동일하다면, 결과물이 동일하냐 아니냐와 상관없이 일반적으로 1차 시장에서는 동일한 작품가가 책정됩니다. 그러나 이 작품들이 2차 시장에 매물로 나오면 완성도와 제작 시기, 시장에서 선호되는 이미지가 무엇이냐에 따라 가격이 달라집니다. 게다가 같은 작가의 구작과 최신작들이 동시에 거래될 수 있는 2차 시장에서는 같은 작가의 같은 크기 작품이라 하더라도 주제, 시기, 시리즈, 장르, 소재, 상태 등에 따라 다른 시세를 형성합니다. 주로 작가의 작품 세계가 정립되고 작품 세계가 가장 잘 보인다고 판단되는 시기의 작품과 시장의 유행과 맞아떨어져 선호되는 스타일의 작품들이 더 높은 가격을 형성하죠.

장미셸 바스키아Jean-Michel Basquiat는 스물여덟 살에 요절한 미국의 대표적인 낙서화가로 지난 20년 동안 미술 시장에서 가장 강세를 보여온 작가입니다. 같은 연도에 제작된 그의 작품 석 점이 2019~2020년에 거래됐는데, 시간상으로 두 달 차이와 하루 차이에 불과한데도 가격이 크게 달랐습니다. 같은 작가의 작품이라도 수작이냐 태작이냐에 따라 가격이 현격히 달라집니다.

설악산 풍경을 주제로 그림을 그리는 김종학 작가는 겨울이나 가을 보다는 여름 풍경을 그린 작품이 시장에서 선호되고, 그에 따라 시장 가격도 일반적으로 여름 풍경이 더 높은 가격을 형성합니다.

## 작품의 희소성

철저히 수요와 공급에 따라 움직이는 2차 시장에서는 작품의 희소성이 가격 결정의 중요한 요인이 됩니다. 시장에 나오는 작품 수가 한정적이라면 시간이 지날수록 더 희소해지죠. 이와 같은 상황에서 특정 작가의 작품을 구입하려는 소비 주체가 계속 늘어난다면 작품가는 올라갈 수밖에 없습니다. 희소성은 작품이 더는 제작될 수 없는 작고한 작가의 유작과 원로나 중견 작가의 구작에서 주로 나타나는데, 유작과 구작이 아니더라도 생존 작가의 작품 수요가 공급보다 많으면 희소성이 나타납니다. 2023년을 살고 있는 현재, 생존 작가의 1980년대나 1990년대, 2000년대 작품은 더 이상 증가할 수 없습니다. 그 시기는 이미 지나갔기 때문입니다. 그러므로 생존 작가의 구작들도 희소성을 갖게 됩니다. 그러나 모든 예술가의 작품에 희소성이 생기는 것은 아닙니다. 미술 시장에서 논하는 희소성의 가치는 미술 시장에서 원하는 예술가에 국한됩니다. 시장과 미술계에서 제대로 평가받지 못하고 세상을 떠난 예술가의 작품은 희소성이 생기지 않습니다.

## 경매 낙찰가

경매 거래가는 종종 2차 시장 거래가의 기준이 됩니다. 그림 시장에서 공식적으로 공개되는 미술품 거래가는 국내외를 막론하고 경매 낙찰가가 유일합니다. 아트페어나 온라인 미술 시장에서 거래되는 작품의 가격은 아주 일부만 공개되며, 대다수 거래 내역은 여전히 비공개입니다. 그래서 경매 낙찰가는 종종 같은 작가의 다른 작품을 거래할 때 참고하는 기준가가 됩니다. 경매 낙찰가가 높으면 기존에 2차 시장에 나와 있던 동일 예술가의 다른 작품 거래가도 함께 올라갈 수 있습니다. 반대로 작품이 최근 경매에서 낮게 낙찰되거나 유찰되면, 2차 시장에 나와 있던 동일 작가의 다른 작품 거래가도 하락할 수 있습니다.

## 컬렉터의 구매 의지와 거래 심리

컬렉터의 구매 의지와 거래 심리도 2차 시장에서는 그림가 결정에 중요한 요인이 됩니다. 판매자가 높은 가격에 팔고자 하는 의지가 강하고, 시세보다 높은 가격을 지불해서라도 그 작품을 소유하고자 하는 의자가 강한 구매자가 나타나면 거래가 성사됩니다. 사실 이런 거래는 2차 시장에서 다반사로 일어납니다. 예를 들어 경매에 나온 피카소 작품을 사고 싶어 하는 사람이 둘 이상이고, 이들이 이 작품을 구입하기에 충분한 예산을 가지고 있으며 이 작품을 꼭 사겠다는 의지가 있는 사람들이라고 해볼까요? 경매 당일 이들이 얼마나 치열하게 경쟁하느냐에 따라 낙찰가는 경매회사에서 추정한 작품가보다 훨씬 높아질 수 있습니다.

## 작품의 유통 경로

판화, 사진처럼 에디션이 있는 장르는 동일한 작품이 여러 점 존재합니다. 동일한 작품이라 가치가 전혀 다를 바 없는데도 2차 시장에서는 유통 경로에 따라 거래가가 달라질 수 있습니다. 즉 경매회사를 통해 구입하느냐, 갤러리를 통해 구입하느냐, 아트 딜러를 통해 거래하느냐, 해외 작품을 국내에서 거래하느냐, 국내 작품을 해외에서 거래하느냐, 몇 번의 손바꿈을 거친 작품이냐 등에 따라서요. 작품 유통 경로는 같은 작품이라도 다양한 그림가를 형성하는 하나의 요인이 됩니다. 경매회사를 이용할 때 위탁자나 낙찰자는 회사마다 규정하는 낙찰가의 15~30%의 수수료를 지불해야 하며, 개인 딜러를 통해 구입하면 거래 전 합의된 수수료를 지불해야 합니다. 얼마나 많은 유통 경로를 거치게 되느냐에 따라서도 그림가는 달라집니다. 아울러 해외에서 작품을 수입하는 경우 환율 변수와 작품가 외 포장 및 운송비, 보험료, 국가별로 부과되는 세금에 따라 거래가가 달라질 수 있습니다.

# 파블로 피카소의
## <꿈>

<꿈The dream>은 파블로 피카소가 연인 마리 테레즈 월터Marie-Thérése Walter
를 모델로 1932년에 그린 그림입니다. 아마 미술 교과서에서 본 적이 있을 거예
요. 초현실주의와 입체주의를 절묘하게 결합한 피카소의 대표작 중 하나입니다.
이 작품은 1941년 당시 뉴욕의 유명한 파워 컬렉터인 빅터 갠즈Victor Ganz와 샐
리 갠즈Sally Ganz 부부가 7,000달러(한화로 약 914만 원)에 구입했다가 1997년 상
속세 정산을 위해 크리스티 경매에 내놓았습니다. 이 작품은 추정가보다 훨씬 높
은 4,840만 달러(한화로 약 662억 원)에 팔렸고, 역사상 네 번째로 비싸게 거래된

그림으로 기록됐습니다.

당시 이 그림을 낙찰받은 컬렉터는 1990년대 후반 반 고흐의 <가셰 박사의 초상 Portrait van Dr. Gachet>을 잠시 소장했던 오스트리아 출신 펀드 매니저 볼프강 플뢰틀Wolfgang Flöttl인 것으로 추측됩니다. 그는 2001년 경제적인 압박 때문에 이 작품을 라스베이거스의 카지노 거물 스티브 윈에게 약 6,000만 달러(한화로 약 772억 원)에 팔았습니다. 그리고 스티브 윈은 2006년에 아쿠아벨라의 중개로 이 작품을 SAC 캐피털매니지먼트의 스티븐 코언에게 1억 3,900만 달러(한화로 약 1,787억 원)에 팔기로 합니다. 당시 알려진 예술 작품 중 가장 높은 가격이었습니다. 그러나 거래가 성사된 후 스티브 윈은 작품을 떠나보내는 아쉬움에 작품을 앞에 두고 친구들과 만찬을 하다가 실수로 오른쪽 팔꿈치로 작품에 2인치짜리 구멍을 내는 실수를 범했습니다. 이 사고로 당시 스티브 윈과 스티븐 코언 사이의 거래는 성사되지 못했습니다. 스티브 윈은 이 작품을 복원하는 과정에서 9만 달러(한화로 약 1억 2,000만 원)를 지불했고, 작품 손상으로 이 그림의 재평가 가격은 8,500만 달러(한화로 약 1,093억 원)로 내려갔습니다. 그러나 7년이 지난 2013년 이 작품에 대한 미련을 버리지 못했던 스티븐 코언은 이 작품을 스티브 윈으로부터 1억 5,500만 달러(한화로 약 1,993억 원)에 구입합니다. 비록 복원 과정을 거쳤지만 이 작품을 소장하고 싶다는 스티븐 코언의 열정이 1억 5,500만 달러짜리 거래를 성사시킨 것입니다.

# 1차 시장과
# 2차 시장의 상관관계: 정가와 시세

동일한 작가의 유사한 스타일, 동일한 크기, 동일 소재의 작품이 1차 시장인 갤러리와 2차 시장인 경매에 동시에 나와 있는데, 거래가가 다른 경우가 가끔 있습니다. 이런 상황은 어떻게 해석해야 할까요?

작가와 갤러리가 함께 결정하는 갤러리 전시가는 경매가보다 시장 상황에 영향을 널 받는 편입니다. 시장 상황이 좋지 않아도 갤러리는 기존 가격을 고수하거나 정가를 유지한 채 구매자에게 일정 비율을 할인해주는 식으로 대응합니다. 일반적으로 갤러리는 전시가를 쉽게 내리지 않으며, 장기적으로 꾸준히 올리는 방식을 취합니다. 반대의 상황도 마찬가지입니다. 동일 조건의 같은 작가 작품들이 경매 시장에서 현저히 높은 가격에 거래된다고 하더라도 갤러리는 작품가를 바로 올리거나 하지 않습니다. 갤러리는 주로 작가의 개인전을 통해 전시가를 조정하며 2차 시장에서 그림가가 급격하게 올랐다고 하더라도 전시가를 크게 상승시키지는 않고 조금씩 꾸준히 올려나가는 방식을 택합니다. 수요가 많으면 갤러리가와 상관없이 가격이 오르고, 수요가 적으면 갤러리가와 상관없이 가격이 내려갈 수 있는 경매 시장과는 사뭇 다릅니다. 그래서 갤러리와 경매의 가격 차이를 통해 해당 작가가 시장에서 얼마나 인기가 있는지 판단해볼 수 있습니다.

**갤러리가와 경매 낙찰가 비교를 통해 예상해보는 시장 시나리오**

- 전제 1: 같은 작가의 동일 크기 그림

- 전제 2: 그림 제작 시기 및 거래 경력에 따라 신작, 구작*, 최근작으로 분류
  - 신작은 시장에 처음 소개된 작품으로 보편적으로 경매에는 신작이 출품되지 않음
  - 최근작은 근래에 제작된 작품으로 신작과 비교할 때 주제나 작품 구성에 변화가 거의 없지만 한 번 이상 거래가 이루어진 적이 있음
  - 구작은 과거에 제작된 작품으로 주제나 작업 구성이 신작과 구별됨

- 전제 3: 경매 거래가는 낙찰 수수료 포함

---

\* 구작은 주로 한 번 이상 거래된 경우가 많기 때문에 2차 시장을 통해 거래되는 것이 일반적입니다. 1차 시장인 갤러리에서 구작을 거래하기도 하는데 갤러리에서 관리하는 전속 작가인 경우, 과거에 작품을 구입한 손님이 갤러리에 위탁 재판매를 요청한 경우, 원로 또는 작고 작가의 회고전을 하면서 시장으로 끌고 나온 작가의 과거 작품이 전시와 동시에 재판매되는 경우 등이 있습니다.

| 갤러리가 > 경매 낙찰가 | | 갤러리가 < 경매가 | |
|---|---|---|---|
| 사례 1 | 갤러리 작품(신작 또는 최근작) > 경매 출품작(구작) | 사례 1 | 갤러리 작품(신작) < 경매 출품작(구작) |
| | 1. 작가의 갤러리 전시가가 과거 대비 상승함 | | 1. 작가의 구작이 신작보다 작품 완성도나 시장 선호가 높음 |
| | 2. 작가의 신작, 최근작의 시장 평가가 구작보다 좋음 | | 2. 작가가 시장에서 인기가 높음 |
| | 3. 작가의 신작, 최근작보다 구작이 시장에서 더 높은 가격에 거래되고 있지만 경매에 나온 작품의 상태가 좋지 않음 | | |
| 사례 2 | 갤러리 작품(신작) > < 경매 출품작(최근작) | 사례 2 | 갤러리 작품(신작) < 경매 출품작(최근작) |
| | 1. 작가의 시장 거래 상황이 좋지 않아 갤러리 전시가보다 낮은 가격에 경매에 나옴 | | 1. 시장에서 인기 있는 작가인데 갤러리에서 구입할 기회를 놓친 컬렉터들이 경매에 나온 해당 작가의 작품을 확보하기 위해 경쟁적으로 비딩을 하다 보니 낙찰가가 갤러리 가격보다 높아짐 |
| | 2. 시장에서 인기 있는 작가이며 작품도 좋은데 당일 경매 응찰자의 주의를 끌지 못함 | | |
| | 3. 시장에서 인기 있는 작가이지만 경매에 나온 작품의 상태가 좋지 않음 | | |

| | 갤러리가 〉 경매 낙찰가 | | 갤러리가 〈 경매가 |
|---|---|---|---|
| 사례 3 | **갤러리 작품(구작)**<br>　　　　**〉 경매 출품작(구작)**<br><br>1. 작가의 갤러리가 거래하는 구작이 경매회사에서 거래된 작가의 구작보다 수작임<br><br>2. 작가의 갤러리 구작이나 경매회사 구작이나 모두 비슷한 시장 가치가 있는 작품이지만, 당일 응찰자의 주의를 많이 끌지 못함<br><br>3. 경매에 나온 작품의 상태가 좋지 않음 | 사례 3 | **갤러리 작품(구작)**<br>　　　　**〈 경매 출품작(구작)**<br><br>1. 갤러리에서 거래하는 작가의 구작보다 경매회사에 출품된 작가의 구작이 작품 완성도와 시장 선호도가 높음 |
| 사례 4 | **갤러리 작품(구작)**<br>　　　　**〉 경매 출품작(최근작)**<br><br>1. 작가의 구작이 최근작보다 높은 가격에 거래됨<br><br>2. 갤러리 구작이나 경매회사 최근작이나 모두 비슷한 시장 가치가 있는 작품이지만, 당일 응찰자의 주의를 끌지 못함<br><br>3. 일반적으로 시장에서는 작가의 구작이 최근작보다 높은 가격에 거래되지만, 경매에 나온 작품의 상태가 좋지 않음 | 사례 4 | **갤러리 작품(구작)**<br>　　　　**〈 경매 출품작(최근작)**<br><br>1. 작가의 갤러리 구작 상태가 좋지 않음 |

# 미술품 가격,
# 얼마까지 오를 수 있을까?

예술가가 죽으면 그 작가의 미술품 가격이 상승한다는 이야기를 들어본 적이 있으시죠? 모든 예술가에게 적용되는 것은 아니지만 이미 미술계의 인정을 받아 인지도가 있는 작가인 경우 생존 여부, 한정된 작품 수는 거래가를 결정하는 데 중요한 판단 기준이 됩니다. 이번에도 앤디 워홀을 예로 들어보겠습니다.

워홀은 100년 후 또는 200년 후에도 20세기 중반 팝아트를 이끌었고, 네오팝아트를 비롯한 후세 작가들에게 큰 영향을 미친 작가로 평가될 것입니다. 그러나 시간이 지남에 따라 그림 시장에 등장하는 워홀의 좋은 작품은 점차 줄어들 것입니다. 일부는 미술관에, 일부는 영구 소장자들의 품으로 들어가게 되기 때문입니다. 그러나 워홀 작품을 원하는 수요는 계속 증가할 겁니다. 새로 개관하는 미술관들도 그렇고, 워홀의 진가를 아는 컬렉터들도 그의 작품을 컬렉션하고 싶어 할 테니까요. 따라서 워홀의 작품 가치는 시간이 지날수록 올라갈 수밖에 없습니다. 궁극적으로는 시장에 나온 워홀 작품에 적절한 작품가를 매긴다는 것 자체가 불가능해질 것입니다. 워낙 귀하니까요. 작품을 판매하고자 하는 이가 제시한 가격과 그걸 구매하려는 새로운 구매자의 욕구와 예산이 잘 맞아떨어져 거래가 성사된다면 그것이 바로 작품가가 될 것입니다.

　단순히 한 예술가의 작품가가 단기간에 급격하게 올랐다고 해서 버블이라고 판단해서는 안 되는 이유가 바로 이것입니다. 2017년에는 수백 년 전에 제작된 다빈치의 작품을 컬렉션하기 위해 5,000억 원을 흔쾌히 지불하는 컬렉터가 나타났습니다. 2015년에 미국 추상 표현주의 작가 윌렘 드 쿠닝Willem de Kooning의 1955년 작품이 3,900억 원에 거래되면서 찍은 그림 시장 세계 최고가 기록은 이렇게 2년 만에 깨졌습니다. 다빈치 작품의 최고가 기록도 언젠가는 깨질 것입니다. 그날이 내일이 될 수도 있고, 1년 후가 될 수도 있겠죠.

　경제학에서는 미술품을 위풍재威風財로 설명하기도 합니다. 보통 재화는 가격이 높아질수록 수요가 줄어드는 음의 관계로 수요곡선이 우하향하는 형태를 띠는데, 위풍재는 이와 반대로 가격이 높아질수록 소유욕에 의해 오히려 수요가 증가하는 재화로 가격과 수요가 양의 관계를 가집니다. 미술품과 비슷한 위풍재로는 명품이 있습니다. 예를 들어 명품을 만드는 회사에서 고가의 상품을 한정 수량만 내놓았다고 해봅시다. 그 상품은 가격을 올리면 올릴수록 희소성이 커지기 때문에 소비자의 과시욕을 자극하여 시장 수요가 오히려 증가할 수 있습니다. 재화의 가격과 수요가 양의 관계로, 우상향하는 수요곡선을 나타냅니다. 위풍재로 볼 수 있는 미술품의 가격도 수요가 존재하는 한 상방이 열려 있기 때문에 얼마까지 오를 수 있을지 예측할 수 없습니다. 미술 시장의 버블을 논할 수는 있어도 미술품에 버블을 논할 수 없는 이유이기도 합니다.

# 04

처음 하는
미술품
거래의 기술

# how to invest in art?

# 갤러리,
# 아트페어를 이용한 미술품 구매

미술품을 구입할 수 있는 시장은 다양합니다. 갤러리 전시를 통해 구입할 수도 있고, 경매를 통해 낙찰받을 수도 있으며, 전문 아트 딜러에게 컨설팅을 받거나 원하는 작품을 의뢰해 구입할 수도 있습니다. 만약 미술 시장에 참여하는 데 시간상·공간상 제약이 있다면 온라인 미술 시장 사이트를 통해서도 작품을 구입할 수 있습니다.

## 갤러리를 이용한 미술품 구매

컬렉터 입장에서 갤러리는 작가의 신작을 구입하기 가장 좋은 시장입니다. 아울러 갤러리에서 열리는 예술가의 개인전에서는 그 예술가의 작품 세계를 좀 더 자세하게 이해할 기회를 가질 수 있으며, 여러 작품을 한곳에서 볼 수 있기 때문에 작품들을 서로 비교해보고 구입할 수도 있습니다. 같은 예술가의 매물 여러 점을 동시에 보기 어려운 2차 시장에서는 작품을 보자마자 태작인지 수작인지 구분하기가 어렵지만, 갤러리 개인전에서는 같은 예술가의 작품 여러 점이 동시에 소개되기 때문에 이를 구분하기가 비교적 쉽습니다.

이미 컬렉션하고 싶은 예술가가 있어서 그 작가의 전시를 기다리는 사람들도 있을 겁니다. 본인이 소장하길 원하는 예술가가 인기 있는 작가이거나 메이저 갤러리의 전속 작가라면 전시가 열리기를 기다리면 됩니다. 하지만 마냥 기다리기보다는 사전에 해당 갤러리에 연락해 그 작가의 작품 컬렉션에 관심이 있다거나 구입할 수 있는 작품이 나오면 정보를 받고 싶다고 미리 알려두는 것이 좋습니다. 갤러리는 개인전이 시작되기 전에 기존 고객들을 상대로 프리 세일을 진행하는 경우가 많습니다. 특히 시장에서 인기가 많은 예술가의 작품은 전시를 오픈하기 전에 팔리기도 합니다.

시장에서 인기 있는 예술가의 작품 구입 우선권은 기존 갤러리 고객, 즉 딜러와 안면이 있거나 오랫동안 관계를 쌓아온 컬렉터 또는 미술관에 주어집니다. 갤러리와 같은 1차 시장에서 원하는 예술가의 작품을 구입하지 못하면 경매 같은 2차 시장에서 구입해야 하는데, 일반적으로 가격이 더 높아집니다. 미술 시장의 생리를 잘 모르는 이들은 예산이 충분하다면 원하는 작품을 쉽게 구입할 수 있으리라고 생각하지만, 그렇지 않습니다. 예산이 충분하더라도 인기 높은 예술가의 작품을 구입하기 위해서는 미술 시장의 독특한 문화를 이해해야 합니다.

우선 미술 시장에 막 입문한 초보 컬렉터가 주요 갤러리나 인기 있는 예술가의 작품을 갤러리에서 구입하는 것이 쉽지 않을 수 있습니다. 컬렉터가 주요 갤러리 또는 사고 싶은 예술가의 작품을 거래하는 갤러리와 처음 관계를 맺고자 할 때 해당 갤러리 측에서는 컬렉터의 기존 소장품 리스트를 알고 싶어 하기도 합니다. 그리고 아직 시장에서 크게 주목받고 있지 않지만 갤러리에서 프로모션하는 예술가의 작품 몇 점을 우선 구입하는 조건으로 컬렉터가 원하는 예술가의 작품을 구입할 기회를 주기도 합니다. 또는 구입하길 원하는 예술가의 작품을 두 점 구입한 후 한 점은 미술관이나 공공 기관에 기부하는 것을 전제로 구입 기회를 주기도 합니다. 어찌 보면 갤러리에서는 인기 작가의 작품을 2차 시장보다 싸게 구입할 수 있으나, 그 작품을 구입하기 위해 계획에 없던 예술가의 작품도 구입하면서 신용을 쌓아가야 하는 셈이죠. 이런 비용을 고려할 때, 1차 시장에서 원하는 작가의 작품을 구입하는 것이나 그보다 높은 가격을 지불하더라도 경매나 아트 딜러 같은 2차 시장에서 구입하는 것이나 비용 면에서는 비슷할 수 있습니다.

그리고 갤러리에서는 인기 작가의 작품을 구입하는 컬렉터에게 종종 최소 2년에서 5년 정도의 재판매(리세일) 금지 기간을 두거나, 블루칩 작가의 작품에 신진 작가의 작품을 끼워 팔거나(원플러스원), 재판매 시 새로운 구매자의 신상 정보 및 재판매 이익을 공유하라고 요구하거나, 재판매 선점권 같은 특약 사항에 합의하기를 종용하기도 합니다. 이런 조건을 두는 이유는 작가의 시장과 갤러리의 수익을 보호하기 위해서입니다. 인기가 많은 작가는 1차 시장보다 2차 시장에서의 가격이 훨씬 높기 때문에 1차 시장에서 작품을 구입한 컬렉터는 2차 사장에서 되팔아 수익을 실현하고 싶다는 유혹을 느낍니다. 실제 미술 시장에서는 1차 시장에서 작품을 구입한 후 바로 2차 시장에서 작품을 되파는 이들을 비일비재하게 볼 수 있습니다. 2차 시장에 무분별하게 공급된 작가의 작품이 시장의 수요보다 많아지면 아무리 인기 작가라고 하더라도 작가의 시장이 교란되거나 무너질 수 있습니다.

갤러리의 리세일 금지 조항이나 컬렉터의 정보 요청, 이익 공유 요청은 2차 시장을 통해 단기간에 특정 작가의 작품가를 전략적으로 상승시키려는 투기 세력들로부터 작가를 보호하기 위한 조치이기도 합니다. 작가가 지속해서 성장하려면 전 세계 주요 미술관의 소장품으로 등록되는 것이 중요합니다. 미술관에서 검증하기 전에 작가의 작품가가 경력 대비 너무 급격하게 상승하면 대다수 미술관에서는 작품을 소장하기가 어려워집니다. 초보 컬렉터들에게는 미술 시장의 이런 문화가 생소하고 때로는 불공정해 보이겠지만, 이런 문화를 있는 그대로 인정하고 시장의 장단점을 제대로 알고 대응하는 것이 현명한 컬렉팅의 길입니다.


## 아트페어를 이용한 미술품 구매

아트페어에서는 한 장소에서 다양한 갤러리가 소개하는 다양한 예술가의 작품을 볼 수 있기 때문에 컬렉터 입장에서는 선택의 폭이 넓다는 장점이 있습니다. 작품 가격, 시장 동향 등 미술품 컬렉션에 유용한 정보를 한번에 얻을 수 있는 시장이죠. 갤러리들이 아트페어에 참여하는 목적은 컬렉터들을 사로잡을 작품들을 내놓아 단기간에 많은 미술품을 거래하고, 새로운 고객을 만나는 것입니다. 그러다 보니 아트페어에 참여한 갤러리들의 출품작은 동시대 미술 시장 트렌드를 반영하게 됩니다. 아트페어 기간 내에 가능한 한 많은 작품을 팔고, 많은 고객의 관심을 사로잡아야 하기 때문입니다.

과거 아트페어의 모습을 잠시 회상해보자면, 2005~2007년 젊은 작가 시장이 활황일 때는 당시 아트페어에 참여했던 대다수 갤러리가 젊은 작가들의 팝적인 작품들을 소개하는 데 열을 올렸습니다. 2013~2017년 단색화가 미술 시장을 주도할 때는 대다수 갤러리가 단색화 및 추상화 작업을 하는 작가들의 작품들로 아트페어장을 가득 채웠습니다. 그 덕에 컬렉터는 동시대 미술 시장의 트렌드와 방향성을 읽을 수 있죠.

아트페어에서는 종종 같은 예술가의 작품을 여러 갤러리에서 볼 수 있습니다. 어떤 갤러리는 자신들이 프로모션하거나 전속 관계를 맺고 있는 예술가의 작품들을 가지고 나오지만, 어떤 갤러리는 기존부터 소장해왔거나 고객에게 판매를 위탁받은 작가의 작품들을 가지고 나오기 때문입니다. 또 어떤 갤러리는 인기 예술가의 작품들을 미리 확보해두고 있다가 아트페어에 출품하기도 합니다. 그러나 동일 예술가의 작품들이라고 하더라도 갤러리마다 내놓은 작품의 완성도나 가치가 모두 다르고, 같은 완성도와 비슷한 가치 평가를 받고 있더라도 갤러리마다 책정한 가격이 다릅니다. 아트페어에서는 판화 같은 동일한 에디션 작품들도 갤러리마다 가격 차이가 나는 경우를 종종 볼 수 있습니다. 그러므로 아트페어에서 작품을 구입하고자 하는 컬렉터라면 각 갤러리가 가지고 나온 작품들을 비교해보고 결정해야 합니다.

컬렉터 입장에서 아트페어의 또 다른 장점은 해외에 가지 않고도 아트페어에 참여한 해외 갤러리를 통해 해외 작가의 작품을 구입할 수 있다는 점입니다. 최근에는 아트페어를 통해 새로운 시장을 개척하려는 갤러리 딜러들이 늘어나면서 각 지역 대표 아트페어에 참가하려는 해외 갤러리도 증가하고 있습니다. 컬렉터 입장에서는 국내 아트페어에서 해외 갤러리와 해외 예술가의 미술품을 직접 거래할 수 있으므로 현지에서 직접 작품을 구입해 올 때 발생하는 비싼 배송비나 복잡한 통관절차 등의 문제를 피할 수 있을 뿐만 아니라, 실물을 확인하고 구입할 수 있다는 장점도 있습니다.

아트페어는 주로 5일 정도 열리며, 작품 거래는 오프닝하는 첫날과 아트페어 마감 날 가장 활발합니다. 주최 측과 참여하는 갤러리들은 아트페어가 열리기 훨씬 전에 출품작 리스트를 갤러리 VIP 고객들에게 공유하고 아트페어 공식 오픈 전날 또는 공식 오픈 몇 시간 전에 자신의 VIP 컬렉터들을 초청하여 이들이 먼저 아트페어를 관람하고 작품을 선점할 수 있는 기회를 제공하기도 합니다. 그러나 VIP 오픈 날 아트페어에 방문하지 않더라도 좋은 작품을 구입할 기회는 많습니다. 미리 작품을 볼 수 있고 선점할 기회가 있다고 해서 꼭 컬렉션에 성공하는 것은 아니기 때문입니다.

아트페어는 입장권만 사면 누구나 입장할 수 있습니다. 다만 아트바젤이나 프리즈처럼 인기 있는 아트페어들은 아트페어 입장권이 일찍 소진될 수도 있기 때문에 관람 의사가 있다면 입장권을 미리미리 구입하는 것이 좋습니다. 친분이 있는 갤러리가 아트페어에 참여한다면 갤러리를 통해 무료 입장권을 받거나 입장권 없이 들어가 관람할 수 있도록 도움을 받을 수도 있습니다.

# 아트페어 vs.
# 비엔날레

아트페어와 비엔날레의 차이를 아시나요? 이는 갤러리와 미술관을 비교하는 것과 비슷합니다. 비엔날레는 미술 평론가·큐레이터·이론가들이 미술계의 새로운 움직임을 조명하고, 동시대 미술의 쟁점·이슈·흐름을 보여주고 담론을 형성하는, 즉 동시대 예술가들의 미술사적 가치를 확인할 수 있는 바로미터 같은 행사입니다. 가장 널리 알려진 비엔날레로는 베네치아 비엔날레가 있으며, 우리나라의 광주 비엔날레도 세계적 명성을 지닌 대표적인 국제 비엔날레입니다. 과거 베네치아 비엔날레는 아트페어처럼 작품을 전시하면서 판매도 했지만, 지금 비엔날레는 작품 거래 없이 순수하게 동시대 미술 시장의 이슈와 흐름을 보여주는 전시 행사만 진행합니다. 즉 아트페어에서는 작품을 거래하지만 비엔날레에서는 작품을 거래하지 않는다는 것이 가장 큰 차이점입니다.

컬렉터라면 아트페어만큼 비엔날레도 관심 있게 봐야 합니다. 비엔날레에 소개되는 예술가들의 명단과 아트페어를 비롯한 실제 미술 시장에서 거래되는 예술가들의 명단이 상당 부분 중복되기 때문입니다. 특히 컬렉터 입장에서 눈여겨봐야 할 것은 베네치아 비엔날레에서 소개되는 예술가들의 명단입니다. 베네치아 비엔날레가 열리는 동안 스위스 바젤에서 열리는 아트바젤에서는 베네치아 비엔날레에서 메인 전시에 초대된 작가들이나 각 국가관에서 대표 작가로 소개된 예술가들의 작품이 활발하게 거래되는 것을 볼 수 있습니다.

2019년 베네치아 비엔날레 메인 전시에는 사진작가 자넬레 무홀리Zanele Muholi가 초청됐는데, 같은 해 스위스 아트바젤에 내놓은 그의 작품들이 전부 판매됐습니다. 동시대 젊은 예술가들의 잠재성을 평가하는 비엔날레 참여 기록은 해당 작가의 시장을 전망하는 데 중요한 참고 자료가 됩니다. 무홀리 작품의 솔드아웃 현상은 향후 미술사에 족적을 남길 예술가를 찾아 컬렉션하려는 전 세계 컬렉터의 적극적인 활동을 엿볼 수 있는 하나의 사례입니다.

# 경매회사를 이용한
# 미술품 구매

입문자들이 시장의 동향이나 미술품 가격을 확인하고, 트렌드를 읽어내기에 가장 좋은 미술 시장은 경매 시장입니다. 경매회사의 주된 수익은 경매를 통해 벌어들이는 낙찰자 수수료와 작품 위탁자 수수료입니다. 즉 높은 낙찰률과 높은 낙찰가가 수익과 직결되기 때문에 경매회사는 지금 미술 시장에서 가장 인기 있는 예술가들의 작품을 중심으로 경매를 진행합니다. 그래서 컬렉터들은 경매에 자주 나오는 예술가의 작품이 무엇인지 그리고 어떤 예술가의 작품이 경합을 벌이는지 확인함으로써 누가 인기 작가이고 트렌드는 어떤지 등을 읽어낼 수 있습니다. 경매회사를 통해 시장의 트렌드를 읽는 일은 어렵지 않습니다. 주요 경매회사의 웹사이트를 방문하면 어떤 작품들이 경매되고 경매 결과는 어떤지 누구나 확인할 수 있기 때문입니다.

아울러 경매는 누구에게나 공정합니다. 갤러리를 통해 거래되는 미술품의 정보는 누구에게나 공개되지 않습니다. 갤러리를 직접 방문해야 작품 정보를 얻을 수 있으며, 일부 미술품에 대해서는 갤러리 VIP

고객에게만 정보가 제공되기도 합니다. 그러나 경매를 통해 거래되는 미술품의 정보는 누구나 접근 가능하며, 누구나 경매에 참여해 맘에 드는 작품을 낙찰받을 수 있습니다. 아울러 주요 경매회사들은 경매 전 출품작에 대한 진위 감정과 시세 감정을 진행하고 공개 거래를 하므로, 일반 개인이 예술가의 구작이나 고미술을 구입하는 데 용이합니다.

경매 시장을 이용하려면 경매회사의 가격 관련 용어들을 이해해야 합니다.

## 경매회사의 가격 시스템 관련 용어

2차 시장을 주도하는 경매회사에서는 미술품의 시장 가치와 관련하여 다음과 같이 다양한 용어를 사용합니다.

- 추정가: 경매회사는 경매 참여자들이 그림 가격을 이해할 수 있도록 최저 가격과 최고 가격으로 가격 범위를 두고 출품작의 시장 감정가를 제시합니다. 이 추정가는 경매회사 내부의 시세 조사를 통한 시가 감정을 바탕으로 출품자와 합의 하에 정해집니다.

- 별도 문의: 경매회사에서 경매 전에 발행하는 경매도록을 보면 추정가가 명시되어 있어야 할 자리에 별도 문의라고 적혀 있는 경우를 가끔 볼 수 있습니다. 아직 출품자와 가격에 대한 합의점을 찾지 못했거나 경매도록이 나오기 전까지 시장 감정가를 정하지 못한 경

우입니다. 기존에 유사한 작품이 거래된 기록이 없어 시가를 매기지 못하는 경우에도 별도 문의가 붙습니다. 때때로 경매회사에서는 작품을 주목받게 하려는 마케팅 목적으로 고가의 출품 작품에 별도 문의라는 문구를 넣는 신비주의 전략을 사용하기도 합니다.

- 내정가: 그림 위탁자가 경매회사에 요구한 최저 판매가를 의미합니다. 도록에 명시되거나 공개되지는 않으나 실제 경매에서 경매사가 이 가격 이상으로 응찰자의 경쟁을 끌어내야 낙찰이 이루어집니다. 내정가는 경매 시작가와 일치하는 경우도 있고, 전략적으로 경매 시작가를 내정가보다 더 낮게 할 수도 있습니다. 경매의 특성상 시작가가 낮으면 더 많은 응찰자의 관심을 끌고 경쟁적인 응찰 행동을 유도할 수 있기 때문에 자주 쓰이는 전략입니다. 반면 내정가가 없는 작품도 있습니다. 위탁자가 낙찰가에 상관없이 작품을 팔기로 마음먹고 내놓았다면 내정가 없이 경매가 진행되기도 합니다.

- 경매 시작가: 경매사가 경매를 시작할 때 공개석상에서 처음 부르는 가격, 응찰 경쟁을 유도하기 위해 처음으로 제시하는 가격을 말합니다. 일반적으로 실제 작품의 시세보다 낮은 가격부터 시작됩니다. 경매사는 추정가 범위의 낮은 가격보다 낮거나 내정가보다도 낮은 가격에 호가를 시작할 수 있습니다. 이는 많은 사람의 응찰 경쟁을 유도해 낙찰가를 더 높이기 위해 경매회사가 자주 쓰는 고도

의 전략 중 하나입니다.

- 낙찰가: 경매사의 지휘 아래 진행된 경매의 응찰 경쟁 마무리를 알리는, 즉 작품이 누구에게 얼마에 팔렸는지를 공식적으로 발표하는 가격을 말합니다. 경매 시간에 마감된 응찰 최고 가격으로, 경매사가 낙찰을 알리는 순간 망치를 두드리기 때문에 '해머 프라이스 Hammer Price'라고도 합니다.

- 개런티: 경매되는 작품은 낙찰될 수도 있고 유찰될 수도 있습니다. 그러나 작품에 따라서는 낙찰 여부와 상관없이 경매회사가 경매 전에 위탁자에게 보증하는 작품 판매가가 있기도 합니다. 주로 경매의 하이라이트 작품 또는 구하기 힘든 블루칩 작가의 작품을 경매회사가 확보하기 위해 위탁자에게 약속하는 최소 판매 가격입니다. 경매회사는 경매에 많은 사람이 관심을 보이고 참여하도록 낮은 경매 시작가에 좋은 작품들을 많이 출품해야 합니다. 그러나 작품을 경매에 위탁하는 소장자 입장에서는 급하게 돈이 필요한 것이 아닌 이상 굳이 낮은 가격에 출품할 이유가 없겠죠. 그래서 경매회사에서는 컬렉터가 소장하고 있는 좋은 작품들을 경매에 끌고 나오기 위해 소장자와 합의되는 선에서 소장자가 기대하는 최저 낙찰가, 즉 작품 판매가를 보장합니다. 이런 경우 경매는 아직 시작 전이지만 출품자는 이미 작품을 경매회사에 판매한 것이나 다름없습니다.

만약 경매회사가 보장한 개런티 가격보다 실제 낙찰가가 높다면, 출품자는 개런티 가격이 아니라 낙찰가를 기준으로 판매 수익을 받게 됩니다. 예를 들어 개런티 가격이 1,000만 원이었지만 2,000만 원에 낙찰됐다면, 위탁자는 낙찰가 2,000만 원을 기준으로 출품 수수료를 제외한 작품 판매 금액을 경매회사에서 수령하게 됩니다.

### 주요 경매회사의 수수료

2023년 기준으로 서울옥션과 케이옥션에서는 경매 낙찰자에게 19.8%의 수수료를, 판매자에게는 약 11%의 수수료를 받습니다. 홍콩경매의 경우 수수료가 20%로 올라가기도 합니다. 소더비, 크리스티, 필립스에서 낙찰이 이뤄지면 구매자는 낙찰 가격의 25~26%의 수수료를, 작품 위탁자는 11%의 수수료를 내야 합니다.

## 경매가를 통한 미술 시장 이해

경매가를 중심으로 미술 시장을 살펴볼까요? 기본적으로 경매에서 같은 작가의 작품이 여럿 출품되거나 반복 출품된다는 것은 그 작가가 그림 시장에서 인기가 있는 작가임을 의미합니다. 앞서도 언급했듯이, 경매회사는 작품 위탁자와 낙찰자한테서 받는 수수료가 수익인 회사이기 때문에 낙찰가가 높고 낙찰률을 높일 수 있는 작품 중심으로 경매를 진행합니다. 내가 소장하고 있는 작품을 경매를 통해 판매하고 싶다고 하더라도 경매회사의 진위 감정, 시가 감정에서 탈락하면 위탁을 할 수가 없습니다. 경매회사가 수익에 도움이 되지 않는다고 판단하니까요.

몇몇 경매 사례를 통해 시장을 어떻게 해석할 수 있는지 설명하겠습니다.

- 추정가 범위보다 높은 가격 또는 높은 추정가에 근접해서 낙찰된 경우: 그 작가의 작품 또는 경매에 부쳐진 작품이 미술 시장에서 인기가 있다고 해석할 수 있습니다. 아울러 추정가가 너무 낮게 책정된 경우에도 낙찰가가 추정가보다 높을 수 있습니다. 미술 시장은 생각보다 합리적으로 움직입니다.

- 추정가 범위보다 낮은 가격 또는 낮은 추정가에 근접해서 낙찰된 경우: 현재 시장에서 인기가 없는 작가 또는 작품이거나 현재 시장 분위기가 보합 또는 하향세를 탄 작가인 경우에 나타나는 현상입니다. 아울러 인기 있는 작가인데 경매에 부쳐진 작품이 유찰되거나 낮은 추정가 언저리에서 낙찰됐다면, 추정가와 시작가가 시장가보다 높게 매겨졌거나 작품의 컨디션에 문제가 있을 수 있습니다. 그리고 당일 응찰자들의 심리에 기인한 결과일 수도 있습니다.

- 같은 작가인데, 다른 결과가 나오는 경우: 동일 경매에 동일 작가의

여러 작품이 나왔지만 경매 결과가 다른 경우가 있습니다. 그 이유는 같은 작가의 작품이라도 특히 2차 시장으로 넘어오면서 시장 가치가 저마다 달라지기 때문입니다.

- 작품이 유찰되는 경우: 현재 시장에서 인기가 없는 작품이거나 태작인 경우, 작품의 컨디션이 나쁜 경우, 추정가가 너무 높게 책정된 경우 등이 있습니다. 아울러 시장에서 인기 있는 작품으로 경매 참여자들의 관심을 받았지만 비딩에는 참여하지 않은 경우도 있습니다.

- 표지 작품, lot 1 또는 2번인 경우: 일반적으로 경매의 표지에 실리거나 경매의 시작을 알리는 첫 번째나 두 번째 작품은 작품가가 그날 경매에 부쳐진 작품들과 비교해 상대적으로 가격대가 높지 않고 시장에서 인기가 있는 작품인 경우가 많습니다. 경매의 시작을 알리는 첫 작품을 높은 가격에 낙찰시켜 그날 경매 분위기를 끌어올리려는 경매회사의 전략이라고 볼 수 있습니다.

- 출품 취소: 경매에 위탁한 작품이라도 경매가 시작되기 전까지 위탁자는 출품을 취소할 수 있습니다. 이유는 여러 가지가 있겠으나, 출품한 작품에 입찰이 많이 들어오지 않을 것으로 예상될 때 주로 출품이 취소됩니다.

## 경매 참여 과정 & 응찰 방법

작품 위탁 또는 작품 수합 → 위탁자와 경매 가격 합의 → 도록 제작
→ 도록 배포 → 경매작 프리뷰 전시 → 경매

### 경매 참여 과정

- 경매회사 도록 살펴보기: 이미 경매회사의 회원이라면 도록을 살펴봅니다. 회원이 아닌 경우에는 경매장을 방문하여 경매 프리뷰를 통해 작품을 미리 살펴봅니다. 경매회사는 경매를 진행하기 전에 경매되는 작품의 정보를 담은 도록을 회원들에게 발송하고 출품작을 실제로 볼 수 있는 프리뷰 전시 기간을 둡니다. 경매를 통해 작품을 구입할 계획이라면 프리뷰 기간에 경매장을 방문해서 응찰하고 싶은 작품의 실물을 직접 살펴보는 것이 좋습니다.

- 담당 스페셜리스트 정하기: 경매회사의 스페셜리스트는 응찰을 도와주거나 앞으로도 지속적으로 경매 정보를 제공해줄 개인 담당자를 의미합니다. 자동차를 구입하러 갔을 때 딜러를 배정받는 것과 유사합니다. 이미 경매회사와 거래를 하는 지인의 소개를 통해 스페셜리스트를 소개받을 수도 있고, 경매회사에 가서 스페셜리스트를 배정받고 싶다고 말하고 배정받을 수도 있습니다.

- 회원 가입
- 응찰할 작품 체크

- 경매 당일 경매 참여 자격 부여받기: 경매에 응찰하기 위해서는 경매회사로부터 응찰 자격을 부여받아야 합니다(경매회사에 따라 유료 회원 가입을 한 후 응찰 지위를 부여하기도 하고, 무료 회원 가입 후 낙찰과 동시에 회사의 유료 회원으로 전환해주기도 합니다).

- 응찰 방법 결정: 프리뷰를 보고 소장하고 싶은 작품이 있어서 응찰하기로 했다면, 경매회사의 담당 스페셜리스트에게 응찰 의사를 알립니다. 스페셜리스트를 통해 경매 당일 응찰 자격을 부여받고, 응찰 방법을 결정합니다. 경매에 응찰하는 방법은 현장 응찰, 전화 응찰, 서면 응찰, 온라인 응찰이 있습니다.

- 경매 참여·낙찰
- 경매 결과 통보서 받기
- 작품 대금 지불
- 작품 받기

**응찰 방법**

같은 가격으로 경합이 이뤄질 때 경매회사는 서면 응찰자, 현장 응찰자, 전화 응찰자 순으로 우선순위를 줍니다. 동일한 가격의 서면 응찰자가 여럿일 때는 경매회사에 응찰서를 먼저 제출한 사람에게 우선권이 있습니다.

- 서면 응찰: 경매가 시작되기 전 서면으로 응찰 가격을 써서 제출하는 방법입니다. 동일한 가격의 서면 응찰자가 여럿일 때는 경매회사에 응찰서를 먼저 제출한 사람, 공익을 우선으로 하는 미술관 측 응찰자에게 우선권을 줍니다.

- 전화 응찰: 경매 당일 현장에 참여하지 않고 경매회사 스페셜리스트와 전화를 통해 경매에 참여하는 방법입니다. 경매를 시작하기 전에 응찰하고자 하는 작품에 대한 합의가 있을 때, 스페셜리스트가 응찰자에게 전화를 걸어 경매에 참여하도록 안내합니다.

- 온라인 응찰: 경매 현장을 직접 방문하지 못하는 사람들을 위해, 그리고 미술 시장이 글로벌화되면서 오프라인 경매 시장이 가지고 있는 거리상의 한계를 해결하기 위해 등장한 응찰 방법입니다. 온라인 응찰을 할 경우에도 사전에 응찰 참여에 대한 검증 단계를 거친 후 스페셜리스트로부터 부여받은 응찰번호를 가지고 응찰할 수 있습니다.

- 현장 응찰: 우리가 가장 잘 아는, 경매 현장을 직접 방문하여 경매회사에서 공식적으로 제공한 팟말을 들고 경매에 참여하는 방법입니다. 경매는 사전에 경매회사가 제공한 공식 팟말을 이용해서 응찰해야만 유효합니다.

경매 전 얼마까지 응찰할지 계획을 세우는 것이 좋습니다. 그러지 않으면 경매 분위기에 휩쓸려 예산을 크게 넘어서는 가격에 낙찰 받고 후회할 수도 있습니다. 그리고 응찰 가격을 계획할 때는 꼭 수수료(위탁금, 거래세 등)까지 고려해야 합니다.

---

사례: 옥션의 낙찰 수수료
- 낙찰가: 경매 마감 시간에 응찰된 최고 금액
- 구매가: 낙찰가 + 낙찰 수수료 + 부가가치세

낙찰 수수료의 비율은 낙찰가에 따라서 달라집니다. 예를 들어 낙찰가가 5,000만 원일 경우, 낙찰 수수료는 낙찰가의 15%입니다. 이를 기준으로 계산해보면 총 얼마가 들어가는지 알 수 있습니다.
- 낙찰 수수료: 5,000만 원(낙찰가) × 15%(낙찰 수수료율) = 750만 원
- 부가가치세: 낙찰 수수료(750만 원) × 10%(부가가치세율) = 75만 원
- 총 구매 대금: 5,000만 원 + 750만 원 + 75만 원 = 5,825만 원

---

경매에서 작품을 낙찰받으면 경매회사로부터 경매 결과 통보서를

받게 됩니다. 경매 결과 통보서에는 낙찰받은 작품의 이미지와 작품 정보, 낙찰자가 지불해야 하는 대금과 수수료, 입금 계좌, 지불기한 등의 내용이 담겨 있습니다. 경매 결과 통보서에 명시된 금액을 기한 내에 경매회사에 납부하면 경매회사가 작품을 배송해줍니다.

낙찰을 받았지만 낙찰 취소, 즉 작품을 받지 않겠다고 한다면 경매회사에서는 낙찰자에게 회사 규정에 따라 낙찰총액의 일정 비율을 위약금으로 부과합니다. 일반적으로 경매회사의 낙찰 취소 위약금은 상당히 높은 편입니다. 그러므로 응찰은 신중하게 하는 것이 좋습니다. 낙찰 후 낙찰금을 지불하지 않는 경우를 대비해 경매에 응찰하는 회원들에게 경매 전 일정 금액의 예치금을 받는 경매회사도 있습니다. 경매 위약금이나 경매 참여 예치금은 경매회사마다 다르기 때문에 각사의 경매 이용약관에서 확인해봐야 합니다.

---

### 경매 전 알아두면 좋은 상식

- 경합과 응찰자 수 중에서 단순히 응찰자 수가 많은 것보다는 최소 두 사람 이상의 경합이 작품가를 결정하게 됩니다.
- 경매사의 호가가 너무 급하게 올라간다는 생각이 들거나 자신이 원하는 응찰가가 있는 경우 응찰자가 경매에 개입해 일시적으로 호가할 수 있습니다.
- 경매 전 작품의 컨디션을 꼭 체크해야 합니다. 경매에 부쳐진 작품의 컨디션은 모두 최상이라고 생각해선 안 됩니다. 수리, 복원한 작품도 출품될 수 있습니다. 경매회사의 추정가는 시장에서 작가의 시세뿐만 아니라 작품의 컨디션 또한 반영된 가격이므로 컨디션에 문제가 있는 작품을 낙찰받았다고 해도 경매회사에는 책임이 없습니다.

- 유찰된 작품인데 경매가 끝난 후 그 작품이 사고 싶다면, 경매회사에 프라이빗 거래가 가능한지 문의해볼 수 있습니다. 유찰된 작품이 모두 문제가 있거나 비인기 작가 또는 비인기 작품인 것은 아닙니다. 경매하는 날의 상황과 분위기가 그날 경매 결과를 좌우하기도 합니다.
- 경매에서는 보물, 문화재, 세금 체납으로 압수된 미술품이 거래되기도 합니다. 국가가 지정한 보물이나 문화재를 낙찰받았을 때는 문화재청에 낙찰자, 즉 문화재 소유자로 등록됩니다.

# 온라인 미술품 거래의
# 장단점

컬렉터 입장에서 온라인 미술품 거래 플랫폼의 가장 큰 장점은 미술 시장 진입이 쉬워졌다는 것입니다. 미술품도 이제 몇 번의 클릭으로 구입할 수 있게 됐습니다. 온라인 미술 시장은 기존 오프라인 미술 시장이 지닌 시공간의 제약을 없애주었습니다. 이제 컬렉터들은 온라인 미술 시장을 통해 지리적·시간적 한계를 벗어나 더욱 다양한 나라와 다양한 예술가의 작품을 구입할 수 있고, 미술 시장에서 거래되는 예술가들의 작품 정보를 더 편리하게 얻을 수 있습니다. 오프라인 미술 시장은 거래 당사자가 아니면 예술품의 가격에 대한 정보를 제3자에게 잘 공유하지 않지만 온라인 미술 시장은 이런 면에서 훨씬 더 개방적입니다.

온라인 미술 시장은 기존 오프라인 미술 시장보다 적은 예산으로도 구입할 수 있는 작품들에 대한 정보가 많고 중개 수수료도 낮아서 기존 오프라인 시장의 중개 수수료가 부담스러웠던 컬렉터들에게 환영받고 있습니다. 덧붙여 판화나 사진같이 에디션이 있는 작품들은 온·

오프라인에서 동시에 거래되기 때문에 가격을 비교해보고 좀 더 낮은 가격을 제시한 곳에서 구입할 수도 있습니다.

반면 온라인 미술 시장의 가장 큰 단점은 실물을 직접 볼 수 없기 때문에 온라인으로 본 작품 이미지와 실제 작품 간에 차이가 발생할 수 있다는 점입니다. 또한 작품의 컨디션도 눈으로 직접 체크할 수 없다는 제약이 있습니다. 제3자 플랫폼을 이용해 작품을 판매하는 시장 중개자에 대한 신뢰성, 온라인에서 거래되는 작품의 진위, 허위 매물이 아니라는 보증 등의 문제 역시 온라인 미술 시장이 해결해야 하는 과제로 남아 있습니다. 온라인 미술 시장에서 제공하는 예술가, 작품, 판매자에 대한 구체적인 정보가 아직은 부족하기 때문입니다.

제3자 미술품 거래 플랫폼을 이용하는 오프라인 갤러리 중에는 판매하는 작품의 가격을 비공개로 하고 직접 갤러리에 연락해야 알려주거나, 제3자 미술품 거래 플랫폼을 배제하고 직거래를 유도하거나, 이미 팔리고 없는 허위 매물로 컬렉터를 유인한 뒤 다른 작품을 제안하거나, 온라인으로 미술품을 판매하는 데는 관심이 없고 컬렉터의 개인정보 수집과 갤러리 홍보에 악용하는 곳이 더러 있어 온라인 미술품 구매자들을 혼란스럽게 만들기도 합니다. 그러므로 고가의 미술품이나 진위 감정이 중요한 작품들은 주요 대형 갤러리와 주요 경매회사가 직접 운영하는 온라인 기반 웹사이트를 통해 구입하는 것이 좋습니다. 제3자 미술품 거래 플랫폼을 이용해 작품을 거래하더라도 진품 및 컨디션 보증, 미술품 배송 및 환불 같은 고객 보호 정책이나 고객 상담코

———

너가 체계적으로 잘 갖춰져 있고 기존 컬렉터들이 많이 이용하는 신뢰할 만한 플랫폼만 이용하는 것이 좋습니다.

---

**주요 온라인 미술 시장 사이트**

www.artsy.net

www.auction.fr

www.auctionet.com

www.auctionzip.com

www.christies.com

www.drouot.com

www.invaluable.com

www.liveauctionneers.com

www.lot-tissimo.com

www.proxibid.com

www.sothebys.com

www.the-saleroom.com

주요 갤러리, 주요 경매회사에서 운영하는 온라인 미술 시장은 점점 커지는 추세이고, 온라인 베이스로 시작한 몇몇 온라인 미술 시장 플랫폼은 해가 갈수록 성장하고 있습니다. 하지만 그 외 중소 온라인 미술 거래 시스템은 파산하거나 대형 업체에 흡수 또는 병합되는 추세입니다.

---

# 미술품 거래 수수료 &
# 기타 비용

미술품을 구입할 때는 작품 대금 외에도 구입 과정에서 추가로 발생하는 비용들이 있습니다.

우선 미술품 중개 수수료를 생각해봐야 합니다. 갤러리와 같은 1차 시장에서는 작품가에 이미 딜러의 중개 수수료가 포함되어 있습니다. 그런데 2차 시장으로 대표되는 경매회사의 경매 이벤트를 통해 작품을 구입하거나 판매할 때는 경매에 참여하기 전에 경매 수수료를 숙지하고 있어야 합니다. 앞에서도 예를 들어 설명했듯이 1,000만 원의 예산을 가지고 경매에 참여했다면 경매에서 작품에 응찰할 수 있는 최대 금액은 '1,000만 원 − (경매 수수료 + 거래세)'가 되어야 합니다. 경매에서 낙찰을 받으면 낙찰가에 경매 수수료, 거래세가 추가되기 때문입니다. 경매회사의 수수료는 회사별로 낙찰가에 따라 또는 경매의 형식이나 성격에 따라 달리 책정됩니다.

경매에 작품을 위탁해 판매할 때도 위탁 수수료를 내야 합니다. 위탁 수수료는 위탁 미술품을 경매에 올리는 데 필요한 홍보, 전시, 설치 비용으로 사용되기 때문에 유찰이 되더라도 환불되지 않습니다. 낙찰 수수료와 마찬가지로, 경매회사의 위탁 수수료도 천차만별입니다. 현재 서울옥션과 케이옥션은 11.6% 정도의 위탁 수수료를 부과합니다.

개인 딜러를 통해 미술품을 거래할 때에도 딜러가 제시한 작품 판매가 또는 미술품 거래가에 딜러의 수수료가 포함되어 있지 않다면 딜러가 작품을 제안하면서 작품가와 함께 자신의 수수료를 별도로 제안할 수 있습니다. 개인 딜러의 중개 수수료는 정해진 기준이 없으며 거래되는 작품과 거래 상황에 따라 유동적입니다. 중개 수수료를 구매자가 지불하는 경우도 있고, 판매자가 지불하는 경우도 있으며, 판매자와 구매자가 분담하는 경우도 있습니다.

미술품 중개 수수료 다음으로 생각해야 하는 것이 액자 제작 비용과 운송비입니다. 구매하고자 하는 작품이 액자에 담겨 있는 경우도 있지만, 작품 구매와 동시에 액자를 제작해야 하는 경우도 드물지 않습니다. 이때 액자 제작 비용이 판매가에 포함되는지 구매자가 별도로 제작해야 하는지 체크해야 합니다. 운송비는 국내 운송이냐 해외 운송이냐에 따라서 비용의 주체도 달라지고 금액도 크게 차이가 납니다. 국내 운송일 때는 일반적으로 중개자가 작품 구매자에게 별도의 운송비 부과 없이 배송해주는 경우가 많습니다. 그러나 해외 운송이라면 구매자가 별도로 지불해야 하며, 작품 파손이나 분실을 고려해 미술품 운송보험도 가입해야 합니다. 아울러 내가 해외에서 작품을 구입해 한

국으로 들여오는 작품이 에디션이 있는 작품이라면, 우리나라 관세법에서는 미술품으로 간주하지 않고 인테리어를 위한 장식품으로 분류하여 작품가의 10%를 관세로 부과합니다.

# 컬렉팅 입문자를 위한
# 에디션 개념

많은 컬렉터가 블루칩 작가의 작품을 소장하고 싶어 합니다. 하지만 블루칩 작가 또는 인기 작가의 오리지널 작품을 사려면 최소 수억에서 수십억, 많게는 수백억 원대 예산이 필요하죠. 그래서 그보다 몇 배 또는 몇십 배 낮은 가격이지만 블루칩 작가의 작품이 갖는 매력을 느낄 수 있는 한정판 작품들의 거래가 점점 더 활발해지고 있습니다. 에디션 작품이라고 하면 일반적으로 판화를 주로 떠올리지만, 그림이나 드로잉을 제외한 대부분 예술 장르가 에디션을 가지고 있습니다. 그러므로 판화를 비롯하여 사진, 조각, 미디어, 영상 작품의 정보를 읽을 때는 꼭 에디션ed. 또는 넘버링numbering(일련번호)을 눈여겨봐야 합니다. 미술 시장에 입문하려면 에디션이라는 개념을 반드시 이해해야 합니다.

**장르별 에디션 작품의 분포**(2020)                            (출처: 아트마켓 리포트)

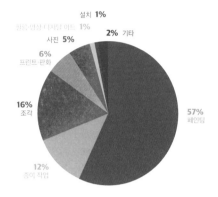

설치 **1%**
화상·영상·디지털 아트 **1%**
사진 **5%**
**6%**
프린트·판화
**2%** 기타
**16%**
조각
**57%**
페인팅
**12%**
종이 작업

　에디션 작품의 매수와 테크닉(판화 기법)은 오로지 예술가의 판단으로 결정됩니다. 에디션 작품 또한 오리지널임을 보증하기 위해 작가의 사인이나 전체 에디션 매수와 함께 넘버링이 기재됩니다. 예술가 사후에 예술가의 가족이나 예술가의 재단에 의해서 제작되는 에디션 작품이나 복사품도 종종 있는데, 오리지널 에디션 작품과 확연히 구별할 수 있도록 여기에는 복사품임이 명시되어 있습니다.

——————                    처음 하는 미술품 거래의 기술

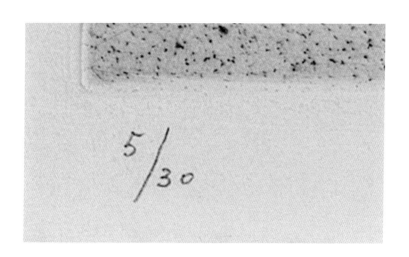

# 넘버링

## 17/100

넘버링이란 원본에 해당하는 작품을 표준으로 여러 장을 찍어낸 경우 각 작품에 붙여진 일련번호를 말합니다. 작품에 표시된 에디션 넘버와 사인은 주로 작가가 기입하지만, 작가 사후에 제작되는 에디션 작품이나 복사품의 경우에는 오리지널과 구분되는 직인이 찍히기도 합니다.

에디션 넘버링에서 분모에 해당하는 숫자 100은 찍어낸 작품의 총수를 의미하며 분자 17은 100장 중 열일곱 번째로 찍어낸 작품이거나 작가가 열일곱 번째로 사인한 작품임을 의미합니다. 조각 작품은 소장처에 따라 아라비아숫자와 로마숫자로 구분해 번호를 매기기도 합니다. 숫자 표기법이 구분되는 경우 미술관 같은 공공 기관에 소장되는 작품에는 로마 숫자(I/IV, III/IV 등)로 매겨지며 주로 미술 시장에서 개인 컬렉터들 사이에서 거래되는 작품들에는 아라비아 숫자(1/5, 4/5 등)로 매겨집니다.

## 17/100과 98/100의 차이

판화의 에디션 넘버가 낮은 것과 높은 것 사이에 가치 차이가 있는지 궁금해하는 분들이 있습니다. 판화의 기법 또는 작가의 결정에 따라 동일한 에디션 작품이라도 넘버별로 작품가가 달라질 수 있습니다. 동일한 에디션 작품 중 하나에는 17/100 그리고 다른 하나에는 98/100

이 적혀 있다면, 이 작품이 목판화나 고무판화 같은 볼록판화 기법이나 동판화 기법으로 제작된 경우에는 98/100보다 17/100이 더 좋습니다. 볼록판화는 반복해서 찍어낼수록 판이 마모되기 때문입니다. 사진도 마찬가지입니다. 네거티브 필름을 활용해 찍은 사진이라면 인화된 순서가 이를수록, 다시 말해 네거티브 필름과 시간상으로 가까운 것일수록 시장 가치가 높습니다.

그러나 볼록판화나 네거티브 사진을 제외한 대다수 에디션 작품은 에디션 넘버가 시장 가치를 구분 짓는 요인이 되지 않습니다. 사실 앞서 설명한 볼록판화의 경우에도 에디션 수가 많지 않다면 에디션 넘버가 달라도 대체로 시장가가 동일하게 책정됩니다.

다만 사진, 조각, 영상, 미디어 작품인 경우 작가의 의지에 따라 에디션 넘버별로 작품가를 달리 책정하는 경우가 있긴 합니다. 사진, 조각, 영상, 미디어 작품의 에디션은 대개 필요할 때마다 한 작품씩 제작되며 작가 사인, 에디션 넘버와 함께 주조된 날짜가 새겨지기도 합니다. 에디션에 따라 작품가를 차별적으로 책정할 경우 일반적으로 처음에 제작되는 작품보다 나중에 제작되는 작품의 가격이 높은데, 에디션의 수가 점차 소진될수록 희소성이 커지기 때문입니다. 그러나 에디션 작품 가격에 차별화를 두는 것은 1차 시장에서나 가능하고, 한 번 거래됐던 작품이 재거래되는 2차 시장에서는 유통 경로나 작품 컨디션 같은 이유로 가격 차이가 발생할 수는 있을지라도 에디션 넘버에 따른 작품가 차이는 거의 없습니다. 그러므로 1차 시장에서 에디션 작품을 구입할 때는 내가 구입하고자 하는 작품의 가격이 에디션 넘버에 따라 차이가 있는지 확인하고, 가격이 가장 낮은 작품을 구입하면 됩니다.

넘버가 있어야 할 곳에 'A.P. Artist's Proof'나 'P.P. Printer's Proof', 'H.C. Hors de Commerce'라고 명시된 에디션 작품을 가끔 볼 수 있습니다. 이것은 넘버가 명시된 에디션 작품 외에 추가로 제작된 작품임을 의미합니다.

A.P.는 상업적 목적에서 제작된 것이 아니라 예술가가 소장용 또는 기부·기증·증정용으로 찍거나 시범적으로 찍은 작품임을 의미합니다. 주로 전체 에디션의 10% 미만으로 제작되며, 에디션의 수량에 포함되지 않습니다. 작가마다 A.P. 표시가 다르기도 합니다. 어떤 예술가들은 A.P. 작품에도 넘버를 매기기도 합니다. A.P. 옆에 2/5와 같이 넘버를 표기해 몇 번째 장인지 표시하는 식이죠.

P.P.는 에디션 작품 제조 업체가 작업의 증거로 예술가에게 선물 받은 작품이거나 업체가 고객에게 샘플로 보여주는 작품입니다. 그리고 H.C.는 주로 기관이나 박물관 선물용으로 제작되는 작품을 의미합니다. A.P., P.P., H.C. 모두 시장 유통을 목적으로 제작된 것이 아님에도 미술 시장에서 이런 표시가 된 작품을 가끔 볼 수 있는데요. 이 작품들의 시장 가치는 넘버가 있는 작품과 크게 차이가 없습니다.

## 에디션 작품의 가치, 가격을 결정짓는 요인

- 에디션의 수: 에디션 발행 수가 적을수록 좋습니다. 작품의 가치를

결정짓는 데 희소성은 아주 중요한 요소이기 때문입니다.

- 작가의 브랜드 인지도: 에디션의 수가 적을수록 가치가 높지만, 에디션의 수보다 중요한 것은 작가의 인지도입니다.

- 판화 기법: 어떤 판화 기법을 이용해 제작됐는지 또한 에디션의 가치를 결정짓는 요인 중 하나입니다. 에디션 제작 기법도 계속 발전해서 오늘날에는 예술가마다 오리지널 작업이 갖는 고유의 특성을 그대로 재현해낸 에디션 작품들이 제작되기도 합니다. 어떤 판화 기법, 어떤 재료로 제작된 에디션 작품이 더 비싼지 순위를 매기기는 어렵지만, 제작 기법이 복잡하고 정교할수록 가치가 올라갑니다.

- 작가의 개입 정도: 판화 기법보다 에디션 작품의 가치를 결정짓는 데 더 중요한 요인은 에디션 작품을 제작하는 데 예술가가 얼마나 개입했느냐입니다. 작가가 에디션 작업 과정에 많이 개입한 에디션 작품일수록 가치가 높습니다. 에디션 작품이 작가 생존 시 제작됐거나, 작가의 친필 사인과 넘버링이 들어갔거나, 공방에서 에디션 작품이 제작되는 과정을 예술가가 직접 감독했거나, 에디션 작품에도 예술가의 스튜디오나 전속 갤러리에서 보증서를 제공하거나, 작가의 카탈로그 레조네에 에디션 작품도 기록되어 있다면 당연히 가치가 더 높습니다. 아울러 에디션 작품에 콜라주, 드로잉 같은 작가의 부가적

인 작업이 추가됐는지 아닌지 또한 판화 가치에 영향을 미칩니다. 그
밖에 동일 예술가가 제작한 에디션 작품이라도 재료, 이미지, 유통
경로, 프로비던스에 따라 시장 가치가 달라질 수 있습니다.


## 작가 생존 시와 사후의 가치 차이

에디션 작품은 작가 생존 시에 제작됐느냐 작가 사후에 제작됐느냐에
따라 시장 가치에 큰 차이가 발생합니다. 예를 들어 조각은 판화처럼
한 번에 모든 에디션이 출력되지 않습니다. 처음 제작 때부터 에디션
의 수량을 정하긴 하지만, 조각은 부피가 있기 때문에 필요할 때마다
필요한 수량만큼 주조하는 게 일반적입니다.

　　오늘날 세계에서 가장 비싼 가격에 거래되는 조각가는 스위스의 알
베르토 자코메티Alberto Giacometti입니다. 청동을 주요 소재로 작업했는
데, 작품을 제작할 때 동생 디에고 자코메티Diego Giacometti의 도움을 받
았습니다. 그가 석고 모형을 완성하고 나면 동생이 이 석고에 청동을
붓고 마무리 작업을 하는 식으로 분업이 이루어졌습니다. 자코메티 사
후에도 아직 에디션이 남아 있는 조각들이 있었고 작품 제작 방식에는
변화가 없었습니다. 자코메티가 살아생전 남긴 석고 모형을 기반으로
필요에 따라 디에고가 조각을 주조했습니다. 그러나 미술 시장에서는
동일한 석고에서 나온 동일한 형태의 작품이라도 자코메티 생존 시기

알베르토 자코메티, 〈걸어가는 사람Walking Man〉 등, 바이엘러미술관

에 주조된 조각과 사후에 주조된 조각의 가격 차이가 현저합니다. 무형의 개념적 잣대, 즉 작가의 개입 여부가 작품 가격을 결정하는 데 영향을 미친 것입니다.

오윤은 1980년대 한국 민중미술의 중심에 있었던 작가입니다. 살아생전 오윤은 유화나 드로잉 작업도 했지만, 주로 조각칼의 거친 느낌과 1980년대 민중 정신이 강렬하게 살아 있는 목판과 고무판을 이용한 판화 작품을 많이 남겼습니다. 그리고 오윤 사후에도 유족과 그의 측근들을 중심으로 하여 판화가 제작됐습니다. 그러나 시장에서 거래되는 오윤 판화는 그의 생존 시에 제작됐느냐 사후에 제작됐느냐에 따라 가격이 크게 다릅니다. 생존 시의 판화가 사후 판화보다 월등히 비쌉니다. 생존 판화 중에서도 사인이나 낙관 표시가 있는지, 천에 찍힌 판화인지 종이에 찍힌 판화인지에 따라 가격 차이가 납니다.

## 원화와 판화 가격의 상관관계

오리지널 그림의 가치 평가가 어떤지에 따라 판화의 시장 가치도 달라집니다. 오리지널이 비싸게 거래되면 그 오리지널 이미지와 동일한 이미지의 판화도 동일 예술가의 다른 판화보다 비싸게 거래되는 경우가 많습니다. 자신이 소장하고 싶어 하는 예술가의 오리지널 작품, 즉 그림이 비싸기 때문에 차선책으로 판화를 구입하는 사람들이 많기 때문입니다.

## 세트 판화와 개별 판화

세트로 나오는 판화가 있습니다. 그런데 이 세트 판화가 개별적으로 분리되어 시장에서 거래되는 경우도 있습니다. 세트로 나온 판화지만 개별 거래도 할 수 있는 작품들이죠. 예를 들어 카우스KAWS, 샤갈Chagall 등의 작품을 들 수 있습니다. 반면 세트가 아닌데 세트처럼 묶여서 거래되는 판화도 있습니다. 세트 판화의 장점은 여러 장의 판화를 개별 판화를 살 때보다 낮은 가격에 살 수 있다는 것입니다. 그래서 세트 판화를 구입한 후 한 장씩 좀 더 높은 가격을 책정해 낱장으로 판매하는 분들도 있죠. 그러나 세트 판화를 개별로 판매할 때 시장에서 선호되는 이미지는 모두 팔리고 선호도가 떨어지는 이미지는 재고로 남을 수 있다는 단점을 고려해야 합니다.


## 확장되는 에디션 개념

에디션이라는 개념 또한 시대에 따라 계속 변화하고 있습니다. 2019년 마이애미 바젤에서 전시된 마우리치오 카텔란의 〈코미디언〉은 실제 먹을 수 있는 바나나를 테이프로 붙인 작품이었는데도 3개의 에디션을 가지고 있습니다. 이미지와 형태가 판으로 찍어낸 듯 동일한 것을 에디션 작품이라고 여겨왔지만, 〈코미디언〉은 3개가 모두 다릅니다. 바나나의 형태에 따라, 잘려진 테이프의 길이나 형태에 따라 이미지가 모두 달라지죠. 그럼에도 이 작품은 2개는 1억 4,000만 원, 1개는 1억 5,000만 원에 팔렸습니다. 동일한 에디션 작품도 이미지가 달라질 수 있음을 보여주는 사례입니다.

동일한 이미지에 채색이 바뀌거나, 전체적인 구성은 변하지 않고 이미지의 요소 일부만 변형한 에디션 작품들도 있습니다. 이런 에디션 작품을 '베리언트 에디션variant edition'이라고 합니다. 에디션의 원본 이미지에 여러 가지 변형을 주며 제작해낸 작품들을 의미하는데, 색깔이 바뀔 수도 있고 이미지 내의 몇몇 요소가 바뀔 수도 있습니다. 인쇄된 판화에 작가가 직접 물감이나 잉크 등을 이용해 마감함으로써 제각각 이미지에 변형이 이루어진 판화는 '핸드 임벨리시드 에디션hand embellished edition'이라고 부르기도 합니다.

# 2023년 1월 기준 에디션 최고가 작품:
# 제프 쿤스 <토끼>

제프 쿤스 <토끼>(1986), 제프쿤스재단 제공

2013년 기준, 에디션 중에서 가장 높은 가격에 거래된 작품은 무엇일까요? 바로 제프 쿤스의 <토끼Rabbit>입니다. 쿤스가 1986년에 제작한 스테인리스 스틸 조각으로 3개의 에디션에 하나의 A.P.로 구성되어 있습니다. <토끼>는 모두 개인 컬렉터가 소장하고 있는데, 그중 출판업자인 S. I. 뉴하우스가 소장하고 있던 작품 한 점이 2019년 5월 뉴욕 크리스티 경매에 출품되었습니다. 그리고 억만장자 헤지펀드 매니저인 스티븐 A. 코언에게 1,085억 원에 낙찰되면서 이 작품은 생존 작가의 최고가 작품이자 에디션 최고가 작품으로 기록됐습니다.

# 작품 거래 시 체크리스트:
# 위작, 복원, 세금

미술 시장의 역사만큼이나 이곳에서 끊임없이 화두가 되는 것은 잊힐 만하면 불거지는 위작 논란일 것입니다. 국내 미술 시장에만 국한된 것도 아닙니다. 미술 시장이 있는 곳은 어디든 위작 이슈가 수시로 발생합니다. 위작 시비는 사실이 어떻든 간에 당사자의 작품 거래만이 아니라 그림 시장 전체에 파문을 일으키는 대형 사건이지만, 그림 위조 범죄를 철저하게 차단하거나 예방한다는 것은 거의 불가능에 가깝습니다.

컬렉터 입장에서는 위작 이슈를 어떻게 바라보는 것이 좋을까요? 그리고 위작을 피하려면 미술품을 구매할 때 어떤 것을 확인해야 할까요?

## 위작 이슈에 대처하는 법

우선 위작이 제작되는 예술가, 작품에 대한 생각부터 정리해야 합니다. 사실 우리가 알고 있는 유명 예술가들은 모두 위작 이슈를 경험한다고 해도 과언이 아닙니다. 그 유명한 다빈치의 〈모나리자〉 역시 위작 또는 모작으로 유명해진 대표적인 작품입니다. 위작은 그림 시장에서 인기가 있는 작가의 대표작이나 인기 작품이 많은데 특히 공급이 희소해진 블루칩 예술가들의 작품 위주로 제작됩니다. 유명하고 시장 인지도가 높은 예술가일수록, 고가에 거래되는 작품일수록, 작가의 대표작일수록 위작 제작률이 높습니다. 생존 작가의 작품을 위조하기도 하지만, 대부분은 작고한 작가의 작품이나 고미술 같은 오래전에 제작된 작품에서 발생합니다.

그러므로 컬렉터라면 위작 이슈가 있는 예술가는 시장 가치가 있는 예술가라는 점을 인식할 수 있어야 합니다. 위작 이슈로 예술가의 시장이 타격을 받는 타이밍에 컬렉터는 위축되지 말고 오히려 그 예술가의 좋은 작품을 좋은 가격에 살 기회로 활용할 수 있어야 합니다. 위기는 기회입니다. 실제로 몇 해 전 이우환 위작 파문이 일어났을 때 이 위기가 오히려 그의 수작을 좋은 가격에 살 수 있는 절호의 기회라고 생각하는 사람들이 있었습니다. 바로 오랫동안 이우환의 그림을 눈여겨봐 왔던 그림 중개인들과 미처 이우환 작품을 컬렉션하지 못해 아쉬워하고 있던 노련한 컬렉터들이었습니다. 이 역시 상황을 거꾸로 생각해

# 위작의
# 종류

시장에 돌아다니는 위작에는 크게 세 종류가 있습니다. 첫째는 다른 사람을 속여 팔 의도를 가지고 특정 인기 예술가의 사인, 작품 기록을 포함하여 작품 일체를 교묘하게 따라 그린 위조품입니다. 둘째는 닮고 싶은 거장이나 작품 스킬을 탐구하고 배우고 싶은 예술가의 제자나 교습생이 작가의 작품을 따라 만든 모작 또는 원작을 모방해 그린 작품 또는 복제품입니다. 이후 실수로 예술가의 작품인 것으로 오판되어 시장에서 거래되는 경우죠. 세 번째는 예술가의 오리지널 작품이긴 하지만 미완성이거나 훼손된 작품으로 작가 본인은 세상에 보여줄 생각이 없는데, 이 작품을 타인이 보수하거나 변경해 거래하는 경우입니다. 위작은 예술가의 오리지널 작품과 비교할 때 조악한 졸작인 경우가 많지만, 어떤 위작은 오리지널 작품과 구분이 안 되거나 오리지널 작품을 능가하는 우수성을 보여주기도 합니다.

보는 역발상 투자의 한 방법이었죠.


## 위작을 피하는 법 _____

컬렉팅 과정에서 위작을 피하는 방법들을 살펴보겠습니다.

첫째, 위작은 주로 음성적으로 거래됩니다. 그러므로 위작 시비가 많은 고미술품이나 작고 작가의 작품, 블루칩 작가의 구작은 오랫동안 미술 시장에서 평판을 쌓아온 신뢰할 수 있는 갤러리, 경매회사, 딜러 같은 중개인을 통해 거래하는 것이 좋습니다.

둘째, 구입을 결정하기 전 작품의 프로비던스, 카탈로그 레조네 또는 예술가의 웹사이트를 통해 출처가 확실한지 확인해야 합니다. 신작이 아니라 한 번 이상 거래된 예술품은 프로비던스를 가지고 있습니다. 2차 시장 그림가 결정 요인에도 영향을 미치는 프로비던스를 통해 작품의 출처를 확인해볼 수 있습니다.

프로비던스에 누가 소장했던 작품인지 기존 개인 소장자에 대한 정보가 자세하게 명시되는 경우는 드물지만, 프로비던스를 통해 이 작품이 어디서 거래됐고 어디서 전시됐는가 하는 정도는 확인해볼 수 있습니다. 아울러 카탈로그 레조네가 있는 예술가라면 내가 구입하려고 하는 작품이 레조네에 등록되어 있는지 확인하는 것도 좋은 방법입니다. 카탈로그 레조네란 작가의 모든 작품을 기록한 작품 총서, 즉 작가 바이블 같은 자료입니다. 카탈로그 레조네에 같은 이미지가 있다고 하더라도 사고자 하는 그림에 명시된 작품 제목, 제작 연도, 재료, 크기, 프로비던스, 레조네 번호 등이 실제로 일치하는지 꼼꼼하게 살펴봐야 합니다. 레조네 제작도 사람이 하는 일이라 가끔 오타가 있거나 잘못된 내용이 기재돼 있기도 합니다. 내가 제안받은 작품과 동일한 작품이 카탈로그 레조네에 등록되어 있는데 작품 세부 내역이 다르다면 레조네를 발행한 예술가의 스튜디오에 직접 문의하는 것도 좋습니다. 요즘에는 예술가들이 온라인에 개인 홈페이지를 운영하면서 자신이 지금까지 작업한 작품들을 계속 업데이트하고 작품 정보를 일반인에게 공개하는 경우도 많습니다. 카탈로그 레조네를 온라인상에서 운영하는 예술가라면 그가 제작한 작품들을 누구나 열람할 수 있습니다. 예술가의 웹페이지를 방문해 내가 구입하려고 하는 작품이 올라와 있는지 확인하는 것도 위작 체크에 도움이 됩니다.

셋째, 작고한 예술가의 작품이나 생존 작가의 구작을 구입하는 경우에는 작품보증서가 있다고 하더라도 구입 전에 해당 예술가 또는 해당 예술가의 유작을 관리하는 재단이나 공신력 있는 기관의 책임 감정으로 발행된 진품감정확인서를 받는 것이 좋습니다. 구입 당시 진품감정확인서가 첨부되어 있다고 하더라도 거래하는 시점에 진위 감정을 직접 다시 받아보는 것이 좋습니다. 국내에서 고미술품 감정은 주로 한국고미술협회가 담당하며, 근현대 미술품 감정은 한국화랑협회 소속 미술품감정위원회와 한국미술품감정연구센터에서 맡고 있습니다.

넷째, 작품 구입 시 갤러리나 예술가로부터 작품보증서를 발행받아 작품과 함께 보관해야 합니다. 작품보증서는 예술가의 스튜디오(작업실)에서 직접 발행하기도 하고, 예술가의 전속 갤러리나 예술가의 작품을 거래하는 갤러리에서 발행하기도 합니다. 예술가의 스튜디오에서 발행하는 작품의 보증서는 한 작품에 1회만 발행하는 것을 원칙으로 하기 때문에 절대 잃어버려서는 안 됩니다. 요즘에는 별도의 보증서를 발행하지 않고 액자 뒷면에 부착된 일련번호가 보증서를 대신하기도 합니다. 반면 갤러리, 경매, 딜러 같은 미술 시장에서 발행되는 작품보증서는 거래되는 미술 시장에서 각각 발행됩니다. 물론 이 역시 한 작품당 1회 발급을 원칙으로 합니다. 그러나 한 작품이 여러 번 반복 거래되다 보면 거래가 된 갤러리, 경매, 딜러마다 작품보증서를 발행하므로 한 작품에 여러 개의 작품보증서가 첨부되어 있기도 합니다. 대부분은 새로운 보증서를 발급하면서 프로비넌스에만 기입하고 기존의 보증서는 없애지만, 한 작품에 여러 개의 작품보증서가 딸려 있다면 작품과 함께 이 보증서들을 모두 받아 보관하는 것이 좋습니다.

다섯째, 작품 구매 시 받은 인보이스, 작품 대금 이체 영수증이나 신용카드 내역서를 보관해두어야 합니다. 아무리 조심한다고 해도 완벽하게 피할 수 없는 위작 시비의 불상사를 대비하기 위해 거래 시 주고받은 서류는 최대한 보관하는 것이 좋습니다. 만약 구입한 작품이 위작임을 나중에 알게 됐다면 중개인에게 책임을 묻거나 환불을 요구해야 하는데, 이럴 때 이 자료들이 유용한 증거가 되기 때문입니다. 아울러 판매자에게 작품 이미지가 실린 도록, 잡지, 기사 등 작품의 과거 이력을 증빙할 수 있는 자료가 있다면 이 역시 작품과 함께 인수하여 함께 보관하는 것이 좋습니다.

여섯째, 시세보다 터무니없이 낮은 가격에 거래되는 작품이라면 위작이 아닌지 의심해봐야 합니다. 좋은 작품을 좋은 가격에 구입할 수는 있어도 좋은 작품을 싼 가격에 구입할 수는 없습니다. 시장에서는 이런 말을 왕왕 합니다. "가짜 그림은 사는 사람만 산다." 자신의 인맥이 좋고 안목이 높다고 착각하면서 자기만 좋은 작품을 싸게 살 수 있다고 확신하는 이들이 주로 위작을 구입한다는 얘기입니다.


## 작품의 복원과 복원된 작품의 가치

미술 시장에서 복원 기록이 있는 작품을 만나거나 내가 소장하는 작품에 복원이 필요한 상황이 발생할 수도 있습니다. 오랜 시간이 흐르다 보면 미술품 표면에 이물질이 앉거나 물감 사이에 들뜸, 즉 크랙이 생기거나 물감 또는 캔버스가 변질되는 등 노화에 따른 훼손이 생길 수 있습니다. 그뿐만 아니라 작품을 운반 또는 보관하는 도중에 실수로 아니면 빛·공기·화재 등으로 작품이 훼손될 수도 있고, 고의로 예술품을 파괴하는 반달리즘vandalism에 의해 작품이 손상될 수도 있습니다. 이런 이유로 손상돼서 복원을 거친 작품의 가치는 어떻게 봐야 할까요?

# 감정은 어떻게 이루어지는가?

진위 감정은 안목 감정, 과학 감정으로 나눌 수 있습니다. 안목 감정은 감정위원들의 경험·지식·노하우를 바탕으로 하는 감정입니다. 작가의 독특한 기법이나 재료, 채색, 구도, 붓 터치, 운필, 서명 등을 분석합니다. 작품 출처와 소장 이력, 표구 방식 등도 점검합니다. 전시회나 경매 자료, 작가·유족의 증언이나 기록물 등도 감정에 참고 자료로 활용됩니다. 감정위원은 주로 미술사가와 평론가, 많은 작품을 다뤄온 30여 년 경력의 갤러리 대표, 전문 연구자, 작가, 표구·수복 전문가 등으로 구성되며 작가의 유족이나 관련자, 특정 작가 연구자가 참여하기도 합니다. 감정위원 명단은 청탁 예방 등을 위해 공개하지 않습니다. 감정은 대부분 감정위원의 만장일치로 진위를 가리지만 의견이 엇갈리면 재감정, 그래도 견해가 부딪히면 진위 판단 불가능 결정을 내립니다. 과학 감정은 X레이나 연대 측정, 안료의 화학적 분석 등을 통한 감정입니다. 지금까지 과학 감정은 안목 감정의 보조 수단으로 여겨졌습니다. 과학 감정의 데이터도 결국 사람이 해석하는 데다, 같은 작가의 작품이라고 해도 안료 배합 등 작품마다 다른 결과가 나오는 등 여러 한계가 있었기 때문입니다. 그러나 과학 감정 기술이 발전하면서 점점 더 정교해졌기에 앞으로는 과학 감정에 더 많이 의존할 것으로 보입니다.

당연히 복원의 흔적이 전혀 없는 작품이 복원 이력이 있는 작품보다 좋겠지만, 불가피하게 복원하게 된 작품일지라도 원작자의 의도나 표현이 보존된다면 가치가 유지된다고 판단하는 것이 옳습니다. 아무리 최적의 환경에서 보존한다고 하더라도 시간이 흐르면서 색이 빠지거나 갈라지거나 캔버스가 낡아지는 등 변형, 노후화는 피할 수가 없습니다. 작품도 미술품도 유기물로 구성되어 있으니까요. 사람이 나이가 들면서 몸 여기저기에 문제가 생기면 병원에 가서 치료를 받는 것처럼, 예술품도 시간의 흐름에 따라 변화된 부분은 전문 복원가에게 의뢰해 적합한 방법으로 복원시켜야 합니다. 이를 미술 시장에서는 '안정화 작업'이라고 말하기도 합니다.

이 경우 복원 과정을 거치긴 했지만 작품의 가치가 훼손됐다고 보긴 어렵습니다. 앞에서 피카소의 〈꿈〉 거래에 얽힌 에피소드를 소개했는데요. 스티브 윈이 이 작품을 스티븐 코언에게 인도하기 직전 실수로 캔버스에 구멍을 내면서 거래가 무산됐고, 작품을 복원하는 데 1억 원 가까이 들었답니다. 그런데 6년이 지난 후 이 작품은 손상 이전 거래가보다 2배 이상 높은 가격에 스티븐 코언이 구입합니다. 실수로 작품이 손상됐더라도 복원 과정을 거쳤으니 가치에 변함이 없다는 것을 보여주는 상징적인 거래 사례입니다.

그러나 복원 이후에도 가치를 보전하기 위해서는 반드시 미술계와 미술 시장에서 인정받는 전문 복원가에게 의뢰해야 합니다. 그리고 소장하고 있던 작품이 복원 과정을 거쳤다면 그 기록을 보관하고 절대

숨기지 말아야 합니다. 복원 과정 또한 작품의 프로비던스에 속하니까요. 만약 당신이 복원 기록이 있는 작품을 구입하는 입장이라면, 누가 복원했는지 확인하고 복원된 부분에 문제가 없는지 딜러나 복원 전문가에게 컨디션 리포트를 받은 후 구입하는 것이 바람직합니다.

구입하려고 하는 작품에 복원 흔적이 있는지 확인하는 것도 중요하지만, 그 못지않게 중요한 사항이 있습니다. 작품 손상이나 변형에 대한 리스크를 최소화하기 위해서 구입하고자 하는 작품의 소재가 견고한지, 쉽게 변형 또는 변질될 수 있는 것인지, 액자를 제작하면서 작품이 훼손됐거나 앞으로 훼손될 우려는 없는지 확인해야 합니다. 장욱진은 유화, 매직화, 색연필화, 수묵화 등 다양한 소재의 작업을 한 작가입니다. 그중 매직화는 작품성에 비해 다른 소재 작품보다 책정가가 낮은 편인데요, 매직이라는 소재가 갖는 휘발성 때문입니다.

한 지인은 바닥 시공에 자주 쓰이는 에폭시epoxy라는 재료를 사용한 작가의 작품을 구입한 후, 안전하게 보관한다고 야무지게 포장해서 사용하지 않는 방에 두었습니다. 그리고 몇 년 후 포장을 풀어봤는데 작품 속 에폭시가 녹아 흘러내렸다고 합니다. 수백만 원대의 작품을 폐기해야 하는 낭패를 겪었죠. 천연 재료를 활용해 작업하는 예술가들의 작품을 구입했는데 시간이 흐르자 작품에 곰팡이가 생겨 난감했다는 분도 있었습니다.

액자도 잘못 제작되거나 제작 기법이 무엇인지에 따라 작품과 액자가 붙어버리는 등 작품이 훼손될 수 있습니다. 예를 들어 사진 액자로 많이 사용되는 디아섹diasec은 사진과 액자가 압축 밀착되는 것으로 화면에서 스크래치가 나면 작품의 원상 복구가 불가능합니다. 최근에는 액자 제작 방식이 많이 발전했지만 오래전에는 작품과 액자를 고정하는 과정에서 접착제를 과도하게 사용하거나 큰 못을 사용하는 바람에 작품이 훼손되는 일이 많았습니다. 그러므로 오래된 작품을 구입할 때는 액자로 인한 손상이 없는지 확인하는 것도 중요합니다. 액자를 새로 제작할 때도 경험 많은 미술 중개인에게 업체를 추천받아 의뢰하는 것이 좋습니다.

## 미술품 컬렉션할 때 챙겨야 할 서류

미술품을 컬렉션할 때 챙겨야 할 서류나 자료들에 대해서 앞서도 잠깐씩 언급했습니다만, 다시 한번 정리해보겠습니다. 미술품 컬렉터가 위작, 복원, 세금 이슈에 대응하기 위해서 작품을 구입할 때 갤러리, 딜러, 경매회사로부터 필수적으로 챙겨야 하는 서류 또는 자료들은 다음과 같습니다.

• 작품보증서: 전속 또는 거래하는 갤러리에서 발행하거나 예술가의 스튜디오에서 직접 발행합니다. 갤러리에서 발행하는 보증서보다는 작가 스튜디오에서 발행하는 보증서를 받는 것이 좋지만, 아직

도 많은 예술가가 직접 보증서를 발행하지 않고 자신이 전속으로 몸담고 있거나 자기 작품을 주로 거래하는 갤러리에 보증서 발행을 위임하고 있습니다. 보증서는 한 번 발행되면 다시 발행되지 않는 것이 원칙입니다. 한 작품에 여러 장의 보증서가 있다면 위작과 그 보증서가 같이 붙어 다니면서 거래되는 등 악용될 가능성이 있기 때문입니다. 예술가의 스튜디오에서 직접 작품보증서를 발행하는 경우 한 작품에 1회 발행이 원칙이지만, 한 작가의 동일 작품이 재거래되는 경우 거래를 주도하는 갤러리나 경매회사에서 보증서를 새로 발행하기도 합니다. 이때 이전에 발행된 보증서는 폐기하기도 하고, 새로운 작품 구매자에게 미술품과 함께 전달하기도 합니다. 이전에 발행된 보증서들이 있다면 같이 받아 보관하는 것이 좋습니다. 내 작품이 진품임을 견고히 하는 자료로 활용할 수 있기 때문입니다. 작품보증서는 갤러리의 직인이 찍힌 A4 용지로 발행되거나 작품의 액자 뒷면에 스티커로 부착되기도 합니다. 보증서 서식은 발행처마다 다릅니다. 일부 갤러리는 작품 구매 시 고객에게 발행하는 인보이스로 작품보증서를 대신하기도 합니다.

- 컨디션 리포트: 관심이 있는 작품의 컨디션을 확인하고 싶을 때 판매자에게 요청할 수 있는 서류입니다. 미술품을 판매하거나 구매하는 당사자가 아닌 제3의 미술 전문가가 해당 작품의 컨디션을 감정해 발행합니다. 작품에 훼손이나 손상이 있는지 또는 작품의 상태

가 양호한지를 확인해주는 자료로, 본인이 직접 작품의 상태를 체크하기가 어렵거나 컨디션이 좋은지 판단에 확신이 서지 않을 때 그리고 고가의 작품이나 해외 작품, 온라인 미술품 거래 플랫폼을 통해 거래되는 작품이라 실물을 확인하기가 어려울 때 유용한 자료입니다.

- 진품감정확인서: 고미술품 또는 작고 작가의 작품을 거래할 때 그리고 예술가의 생존 여부와 상관없이 고가의 작품을 구입할 때 필수적으로 챙겨야 하는 자료입니다. 진품감정확인서도 위조되는 경우가 있기 때문에 작품을 거래하는 시점에 미술품 전문 감정 기구를 통해 직접 진품 확인을 받고 확인서를 발행받는 것이 좋습니다.

- 작품 거래 내역 증빙 서류: 작품 거래 대금을 지불한 신용카드 영수증 또는 작품 거래 대금 계좌이체 내역, 갤러리가 구매자에게 발행한 인보이스 또는 영수증 같은 서류를 말합니다. 내가 작품을 구입했다는 것을 입증하는 자료가 되기도 하고, 향후 미술품을 되팔 때 진품이라는 사실과 작품가를 보증하는 것이기도 하며, 작품을 팔고 양도소득세를 내야 할 때 세금 산정에 참고 자료가 되기도 합니다. 예를 들어 6,000만 원 이상의 작고 작가 작품을 거래할 때는 거래차익에 따라 미술품 양도소득세가 부과되는데요. 이때 손해 보지 않으려면 작품 구입 비용과 소장 기간에 들어간 비용을 증명할 수 있

 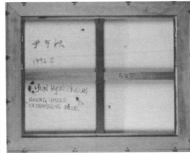

36  윤형근
尹亨根  Yun HyongKeun  1928-2007

Burnt Umber & Ultramarine Blue
oil on linen
90.5×116.5cm(50), 35.6×45.9in
1992.6.
signed, titled and dated on the reverse

작품상태 양호
작품의 중앙 하단 및 우측 하단 모서리 부위 마모

In response to your inquiry, we are pleased to provide you with a general report of the condition of the property described above. Since we are not professional conservators or restorers, we urge you to consult with a restorer or conservator of your choice who will be better able to provide a detailed, professional report. Prospective buyers should inspect each lot to satisfy themselves as to condition and must understand that any statement made by Seoul Auction is merely a subjective qualified opinion.

NOTWITHSTANDING THIS REPORT OR ANY DISCUSSIONS CONCERNING CONDITION OF A LOT, ALL LOTS ARE OFFERED AND SOLD "AS IS" IN ACCORDANCE WITH THE CONDITIONS OF SALE PRINTED IN THE CATALOGUE.

는 자료가 있어야 합니다. 미술품 구입 비용 외에 작품을 소장하는 과정에서 감정, 복원, 보관, 보험, 액자 제작 등에 비용이 들었다면 나중에 소요 비용으로 인정해주므로 이 영수증을 모두 보관해두어야 합니다.

이 외에도 작가의 구작, 즉 한 번 이상 거래된 기록이 있는 작품을 구입할 때는 그 작품이 실려 있는 도록이나 카탈로그 레조네, 관련 기사 그리고 프로비던스 자료가 있다면 이것도 함께 보관하는 것이 좋습니다. 이런 서류들은 진품을 보증하거나, 재거래 시 작품가를 산정하거나, 양도소득세·증여세와 같은 세금을 계산할 때 유용한 참고 자료가 되므로 잘 보관해두어야 합니다. 자료들이 유실되는 것을 막기 위해 각각을 사진으로 찍어두고, 원본은 별도로 보관하는 것도 방법입니다.


## 작품 판매 방법

소장하고 있던 그림을 팔고자 하는 사람이라면 판매 경로 선택, 판매가 결정, 판매 타이밍 그리고 중개 수수료 책정과 세금이 가장 큰 관심거리이자 고민거리일 것입니다.

'내가 소장하는 미술품을 살 만한 사람이 있을까? 어떤 경로를 통해 팔아야 더 높은 가격을 받을 수 있을까? 작품 가격으로 얼마를 제시해야 적당할까? 언제 파는 게 좋을까? 중개인이 수수료를 비싸게 부르면 어떡하지? 세금이 많이 나오면 어쩌지? 작품을 팔면 미술 시장에서 나의 평판이 나빠지는 건 아닐까?'

소장하고 있는 미술품을 팔고 싶다면 그 미술품의 시장성을 먼저 확인해야 합니다. 시장성을 확인하는 방법으로는 여러 가지가 있습니다. 작가의 경매 기록을 살펴보거나 아트페어에 가서 내가 소장하고 있는 예술가의 작품을 거래하는 갤러리가 많은지 살펴보고 가격을 물어보는 방법이 있습니다. 그리고 가장 편리한 방법은 내가 거래하는 딜러나 작품을 구입한 갤러리 또는 경매회사에 문의하는 것입니다.

소장한 미술품의 시장성을 확인한 후 작품을 판매하기로 했다면 구매한 갤러리나 작가의 전속 갤러리, 신뢰할 만한 개인 딜러에게 의뢰할 수도 있고 경매를 통한 공개 경합으로 거래할 수도 있습니다. 각 판매 경로의 장단점을 비교하여 자신에게 맞는 판매 방법을 선택하면 됩니다.

갤러리나 딜러는 위탁받은 작가의 작품 시세와 위탁자의 판매 희망가를 절충한 가격 기준선을 가지고 새로운 구매자를 찾습니다. 시장에서 인기 있는 작품인 경우에는 작품이 빨리 거래될 수도 있지만, 판매자의 판매 희망가를 수용할 수 있고 판매자의 취향과 비슷한 새로운 구매자를 찾아야 하기 때문에 기대한 것보다 시간이 더 오래 걸릴 수도 있습니다. 갤러리와 딜러에게 판매를 위탁할 때는 별도의 위탁 비용이 들지 않으며 작품이 거래되는 경우에 중개 수수료만 지불하면 됩니다. 중개 수수료는 위탁자와 구매자가 반반씩 내기도 하고 구매자 측에서 내기도 합니다. 위탁 판매의 가장 큰 장점은 판매자가 가격을 어느 정도 정할 수 있다는 점과 비공개적으로 팔 수 있어서 판매자 정보가 시장에 공개됐을 때 발생할 잡음이나 문제들을 피할 수 있다는 점입니다.

경매를 통해 판매할 때는 갤러리나 딜러보다 더 많은 구매 대상에게 작품을 노출할 수 있다는 장점이 있습니다. 갤러리나 딜러를 통한 판매에서는 판매자가 가격을 어느 정도 책정할 수 있지만, 공개 경합을 원칙으로 하는 경매에서는 경매가 끝나기 전까지는 얼마에 팔릴지 알 수 없습니다. 앞서도 말했듯이, 경매회사에서는 시작가를 가능한 한 낮추려고 합니다. 응찰률을 높이고 경쟁이 치열해지도록 유도하기 위해서입니다. 그러나 이런 전략이 항상 성공하는 것은 아니어서 가격이 경매회사나 판매 위탁자가 기대한 만큼 올라가지 않고 경합이 끝나는 경우도 있습니다. 기대했던 결과가 나오지 않았더라도 경매가 끝난 이상 판매자는 낙찰가에 그 작품을 넘겨줘야 합니다. 심지어 입찰자가 없어서 작품을 팔지 못하는 경우도 발생합니다. 대신 경매에서는 응찰자들 사이에 경쟁이 치열해지면 출품자가 기대했던 것 이상으로 높은 가격에 작품이 팔리기도 합니다. 경매회사는 낙찰되든 유찰되든 작품 위탁자에게 위탁 수수료를 받는 것이 원칙입니다. 경매는 매일 열리는 것이 아니며 준비하는 데 시간이 걸리기 때문에 판매 기간도 최소 한두 달 이상을 생각해야 합니다. 요즘 대다수의 경매회사는 경매뿐만 아니라 프라이빗 판매를 통한 작품 거래를 주선하기도 합니다.

갤러리든 개인 딜러든 경매든, 작품을 위탁하는 과정은 유사합니다. 소장자는 서면으로 판매하고자 하는 작품의 작가 이름과 작품 이미지, 제목, 크기, 작품의 재질, 제작 연도를 제출합니다. 때에 따라서는 소장 경위와 보증서, 감정서, 작품이 게재된 도록 등 위탁하고자 하는 작품과 관련하여 보유하고 있는 자료들을 더 달라는 요청이 올 수도 있습니다. 갤러리나 딜러, 경매회사는 소장자로부터 받은 판매 작품 관련 자료를 토대로 작품의 구매자를 알아보거나 경매 출품 가능성을 체크합니다.

때에 따라서는 작품을 판매해줄 수 없다는 피드백을 받을 수도 있습니다. 그런 피드백을 받았을 때는 이유가 무엇인지 확인하는 것이 좋습니다. 작품 위탁이 거절되는 건 시장성이 없는 작가인 경우 또는 위작이 의심스러운 경우입니다. 그런데 작품이 위작일지도 모른다는 의심스러운 결과가 나왔다고 하더라도 미술품 중개자는 위탁자에게 있는 그대로 이야기하지 않고 돌려 말하는 경우가 많습니다. 위작 이슈는 민감한 문제이기 때문입니다. 위작 이슈 외에 시장성 있는 예술가의 작품인데도 위탁이 거절되는 경우가 있습니다. 같은 시기에 동일한 예술가의 작품 판매 위탁이 유난히 많을 때, 작품의 상태가 좋지 않을 때 등입니다.

**작품 판매가 어려워지는 경우**

- 시장 인지도가 거의 없는 작가의 작품: 소장품이 대중적이지 못하고 지극히 개인의 취향에 맞춰져 있는 경우
- 시장에서 수요가 없어진 작가의 작품
- 판매자와 구매자 사이에 거래가에 대한 기대치가 다른 경우
- 시장성 있는 예술가의 작품이지만 대표작이나 수작이 아닌 경우
- 시장에 작가의 비슷한 형태의 작품이 많이 나온 경우
- A 지역 시장에 통용되는 작가의 작품이 B 지역 시장에 나온 경우
- 훼손된 작품

그림을 사는 건 쉽지만 파는 건 어렵다고 생각하는 사람들이 있습니다. 그러나 시장에서 인기 있는 그림을 소장하고 있다면 그림을 파는 일은 어렵지 않습니다. 오히려 팔 계획이 없는데 미술품 중개인으로부터 그림을 팔지 않겠냐는 제안을 받을 수 있습니다. 즉, 어떤 작품을 소장하고 있느냐에 따라 작품을 되팔기가 쉬울 수도 있고 어려울 수도 있습니다. 미술품 투자는 어떤 작품을 컬렉션하느냐가 성패를 결정한다는 사실을 명심해야 합니다.

그렇다면 그림은 언제 판매하는 것이 가장 좋을까요? 자신이 결정하는 것보다 시장에서 요구하는 시기에 작품을 내놓는 것이 가장 좋습니다. 어떤 미술품을 소유하고 있느냐 다음으로 중요한 것이 바로 판매 타이밍입니다. 작품 판매의 적기는 소장자가 계획하는 것보다 시장

이 나오길 기대하는 시기, 즉 미술품 중개자가 작품을 판매할 의향이 없느냐고 물어올 때입니다. 시장이 나오길 요구할 때는 수요가 많아지고 작가의 시장 인지도도 올라가는 상황이기 때문입니다. 작품 판매의 시기는 소장자가 기대한 것보다 늦게 올 수도, 빨리 올 수도 있습니다. 그림에 투자한다고 해서 꼭 장기 투자를 해야만 하는 건 아니라는 얘기입니다.

덧붙여, 원하는 미술품들을 컬렉션한 뒤 더는 컬렉션할 계획이 없다고 하더라도 그림 시장에 계속 관심을 두는 것이 좋습니다. 그림 시장에도 주기가 있는데 그 흐름을 타야 그림 판매의 적기가 눈에 들어오기 때문입니다. 자신이 직접 그림 시장의 동향을 추적하기가 어렵다면, 신뢰할 만한 딜러와 친분을 쌓고 그 딜러를 통해 자신이 소유하고 있는 미술품의 판매 시기나 시장의 동향에 대한 정보를 얻는 것도 좋은 방법입니다.


## 국내외 그림 시장 관련 법: 세금을 중심으로

모든 거래와 자산에는 세금이 발생합니다. 미술품 거래에도 세금이 있습니다. 다만 미술품 거래는 다른 거래나 자산보다 세금이 낮으며 세금 규제나 증여, 상속이 자유로운 편입니다. 지금부터는 컬렉터가 미술품을 소장하거나 거래할 때 알고 있어야 하는 세금, 즉 미술품의 취득 및 보유, 양도, 증여 시 발생하는 세금에 관해 설명하려고 합니다.

미술품은 등록세, 취득세, 보유세(재산세. 종합부동산세)가 없습니다. 미술품을 취득하는 과정이나 소장하는 동안에는 세금이 부과되지 않는다는 점이 미술품 투자의 장점 중 하나입니다. 미술품과 관련된 세금은 타인에게 양도할 경우에만 발생합니다. 미술품 양도소득세는 종합소득세로 합산 과세되지 않고 기타소득으로 분류해 작품을 중개하는 시장 쪽에서 신고 · 납부합니다.

참고로 모든 미술품이 양도 시 세금이 부과되는 것도 아닙니다. 양도소득세 부과 대상 미술품의 항목은 다음과 같습니다(미술품 판매자는 양도소득세 부과 대상인지를 확인해야 합니다).

- 서화·골동품 중 다음 각목의 어느 하나에 해당하는 것

  가. 회화, 데생, 파스텔(손으로 그린 것에 한정하며, 도안과 장식한 가공품은 제외한다) 및 콜라주와 이와 유사한 장식판

  나. 오리지널 판화·인쇄화 및 석판화

  다. 골동품

미술품 투자수익은 소득세법상 기타소득으로 과세합니다. 개인이 작품을 판매할 때 개(점. 조)당 양도 가격이 6,000만 원 이상인 작고 작가와 해외 작가의 미술품에 대해서 소장 기간에 소요된 필요경비를 제하고, 양도 가격의 20%를 양도소득세(지방소득세를 포함하면 가격과 상관없이

22%)로 부과합니다. 양도 가격이 1억 원 이하이거나 10년 이상 소장한 작품이라면, 증빙할 수 있는 서류가 없다고 하더라도 양도 가격의 90%까지 필요경비로 인정해줍니다. 양도 가격이 1억 원 이상이고 소장 기간이 10년 이하인 경우에는 양도 가격의 80%를 필요경비로 인정해줍니다. 필요경비 인정 최하한이 80%이므로 미술품 판매자가 애초의 취득 가격을 모르더라도 판매가의 80%를 필요경비로 인정해줍니다. 한편 기존 소장자가 작품의 매입가보다 낮은 가격에 되팔 경우, 그 사실이 증명된다면 작고 작가와 해외 작가의 작품이 6,000만 원 이상에서 거래돼도 양도소득세를 부과하지 않습니다. 더불어 세법으로 인정해주는 것보다 경비가 더 들었고 증빙할 수 있는 자료가 있다면, 필요경비를 더 인정받을 수 있습니다.

예컨대 5년 전에 4,000만 원을 주고 산 그림을 5,999만 원에 팔았다면 비과세 대상입니다. 그 작품이 고미술이든, 해외 작가의 매물이든, 작고한 국내 작가의 매물이든, 살아 있는 국내 생존 작가의 매물이든 세금이 발생하지 않습니다.

만약 5년 전에 7,000만 원을 주고 산 해외 작가의 작품 또는 작고한 국내 작가의 작품을 1억 원에 팔았다면, 실제 소득은 3,000만 원이지만 우선 1억 원에서 필요경비 90%를 공제한 1,000만 원이 과세표준 금액이 됩니다. 그래서 1,000만 원에 22%(양도소득세 20% + 지방소득세 2%), 즉 220만 원을 양도세로 내게 됩니다.

만약 5년 전에 7,000만 원을 주고 산 해외 작가의 작품 또는 작고한 국내 작가의 작품을 1억 2,000만 원에 팔았다면 1억에 대해서는 필요경비를 90% 인정하고 1억 초과액인 2,000만 원에 대해서는 필요경비를 80% 인정하므로 총 1억 600만 원을 공제받습니다. 그러면 실제 소득은 5,000만 원이지만 1,400만 원에 대해서만 22%의 세금이 부과돼 308만 원의 양도소득세를 내게 됩니다. 그런데 이 경우에 보험, 작품 수리 및 보관료가 세법에서 인정해주는 필요경비보다 많다면 실제 발생한 금액을 필요경비로 계상할 수 있습니다.

그리고 양도소득세는 작품 판매자가 아니라 경매회사, 갤러리, 딜러 같은 미술품 중개자가 판매자에게 원천징수하여 납부하게 되어 있습니다.

좀 더 쉽게 이해할 수 있도록 위의 내용을 사례별로 살펴보면 다음과 같습니다.


• 사례 1: 작고 작가의 작품으로 판매가 6,000만 원 이하
  ○ A는 5년 전 4,000만 원에 구입한 작고 작가의 작품을 B갤러리에 판매 위탁했습니다. 며칠 후 B갤러리는 그 그림을 C에게 5,999만 원에 팔았습니다. A가 내야 하는 양도소득세는 얼마일까요?
  ○ 없습니다. 작고 작가의 작품은 양도소득세 부과 대상이지만 판매가 6,000만 원을 넘지 않으므로 납부 의무가 없습니다.


• 사례 2: 국내 생존 작가의 작품으로 판매가 6,000만 원 이상

○ A는 5년 전 4,000만 원에 구입한 국내 생존 작가 작품을 B갤러리에 판매 위탁했습니다. 며칠 후 B갤러리는 그 그림을 C에게 7,000만 원에 팔았습니다. A가 내야 하는 양도소득세는 얼마일까요?

○ 없습니다. 살아 있는 국내 작가의 작품은 판매가가 6,000만 원을 넘어도 양도소득세 대상이 아닙니다.

- 사례 3: 국내 작고 작가 또는 해외 작가의 작품으로 판매가 1억 이하, 보유 기간 10년 미만

  ○ A는 5년 전 7,000만 원에 구입한 해외 작가의 작품을 B갤러리에 판매 위탁했습니다. 며칠 후 B갤러리는 그 그림을 C에게 1억 원에 팔았습니다. A가 내야 하는 양도소득세 얼마일까요?

  ○ 판매가가 1억 이하인 경우에는 보유 기간이 10년 미만이라도 양도 가격의 90%를 필요경비로 인정해줍니다. 따라서 판매자의 실제 소득은 3,000만 원이지만 '1억 원 × 90% = 9,000만 원'이 필요경비로 제외되니 나머지 금액에 대해서만 세율을 적용하면 됩니다.

  ○ 총 양도소득세 = (양도 가격 1억 - 필요경비 9,000만 원) × 22% = 220만 원

- 사례 4: 국내 작고 작가 또는 해외 작가의 작품으로 판매가 1억 이상, 보유 기간 10년 미만

  ○ A는 5년 전 7,000만 원에 구입한 해외 작가의 작품을 B갤러리에 판매 위탁했습니다. 며칠 후 B갤러리는 그 그림을 C에게 1억 2,000만 원에 팔았습니다. A가 내야 하는

양도소득세는 얼마일까요?

○ 판매가가 1억 이상이고 보유 기간이 10년 미만이라면 양도 가격 1억 원에 대해서는 90%를 필요경비로 인정해주고, 초과분에 대해서는 80%를 필요경비로 인정해줍니다. 따라서 판매자의 실제 소득은 5,000만 원이지만 '1억 원 × 90% + 2,000만 원 × 80%= 1억 600만 원'이 필요경비로 제외되니 나머지 금액에 대해서만 세율을 적용하면 됩니다.

○ 총 양도소득세 = {양도 가격 1억 2,000만 원 - (1억 원 × 90% + 2,000만 원 × 80%)} × 22% = 308만 원

※ 5년 전에 7,000만 원을 주고 산 해외 작가의 작품이나 작고한 국내 작가의 작품을 1억 2,000만 원에 팔았는데 그동안 보험이랑 보험, 작품 수리 및 보관료가 세법에서 인정해주는 필요경비보다 많다면 실제 발생한 금액을 필요경비로 계상할 수 있습니다.

• 사례 5: 국내 작고 작가 또는 해외 작가의 작품으로 판매가 1억 이상에 보유 기간 10년 이상

○ A는 20년 전 7,000만 원에 구입한 해외 작가의 작품을 B갤러리에 판매 위탁했습니다. 며칠 후 B갤러리는 그 그림을 C에게 1억 2,000만 원에 팔았습니다. A가 내야 하는 양도소득세는 얼마일까요?

○ 판매가가 1억 이상이고 보유 기간이 10년 이상이라면 양도 가격의 90%를 필요경비로 인정해줍니다. 따라서 판매자의 실제 소득은 5,000만 원이지만 '1억 2,000만 원 × 90% = 1억 800만 원'이 필요경비로 제외되니 나머지 금액에 대해서만 세율을 적

용하면 됩니다.

○ 총 양도소득세 = (양도 가격 1억 2,000만 원 - 필요경비 1억 800만 원) × 22% = 264만 원

## 양도소득세 체크리스트

- 소장하고 있다가 판매한 작품의 가격이 6,000만 원 이상인가, 6,000만 원 미만인가?: 6000만 원 미만이면 양도소득세 대상에 해당하지 않습니다.
- 국내 작가인가, 해외 작가인가?: 해외 작가는 무조건 과세 대상입니다. 소장한 작품이 국내 작가인 경우에는 작고 작가인지 생존 작가인지에 따라 세금 부과 여부가 결정되니 확인을 해봐야 합니다. 작품 구입 시점에는 생존 작가였으나 작품 판매 시점에는 작고 작가라면 양도소득세 부과 대상입니다.
- 국내 작가라면 생존 작가인가, 작고 작가인가? 고미술품인가, 아닌가?: 국내 작가이고 생존 작가의 작품에 대해서는 매매가가 6,000만 원 이상이라도 양도소득세 부과 대상이 아닙니다.
- 10년 이상 보유인가, 10년 미만 보유인가? 그림 판매가가 1억 이상인가, 1억 이하인가?: 10년 이상 보유한 작품에 대해서는 양도 가격의 90%를 필요경비로 인정해줍니다. 그리고 보유 기간이 10년 이하인 경우에는 양도 가격 1억 원에 한해서는 90%를 필요경비로 인정해주고, 1억 원 초과분에 대해서는 80%를 필요경비로 인정해줌

니다. 단, 소장하는 동안 작품에 소요된 필요경비가 세법에서 인정하는 비용보다 더 많이 소요됐다면 부과되는 세금이 적은 쪽으로 계산할 수 있습니다.

미술품도 자산입니다. 그렇다면 소장하던 미술품을 상속하는 과정에서 부과되는 세금은 없을까요? 미술품을 증여하거나 상속할 때는 증여세나 상속세를 납부해야 합니다. 국세청은 그림 상속 또는 증여 시 증여 사실을 국세청에 자진 신고하도록 권하고 있고, 신고된 작품에 대해서 국세청은 1년 안에 세금을 부과할 수 있습니다. 과세 기준은 상속자가 고용한 해당 분야 전문가 2인 이상이 감정한 가격의 평균액으로 합니다. 하지만 감정 가격이 국세청장이 위촉한 3인 이상의 전문가로 구성된 감정평가심의회에서 감정한 가격보다 낮을 경우에는 감정평가위원회에서 감정한 가격을 기준으로 합니다.

그런데 그림을 상속받고도 신고하지 않으면 국세청은 그 사실을 알 수가 없습니다. 그림 거래는 대부분 비공개로 이루어지기 때문에 그림이 어디에 있고, 어디로 이동하는지 추정이 불가능합니다. 그래서 실제로 상속세나 증여세가 적용되는 사례는 거의 없습니다. 그림은 부동산처럼 등기부등본이 없기 때문에 제도적으로 누가 어떤 작품을 소장하고 있는지 확인할 방법이 없습니다. 소장자가 보유하던 그림을 배우자나 자식에게 그대로 물려줘도 알 수 없습니다. 예를 들어 김환기 작품을 수십 년 동안 소장해온 컬렉터가 딸에게 그림을 그대로 물려주고 신고하지 않으면 그뿐인 것입니다.

아울러 그림 가격은 상시 변할 수 있기 때문에 시세가 얼마인지 정확히 알 수 없어 상속세와 증여세 선정 기준과 부과 방법이 명확하지 않습니다. 설령 국세청에서 발견한다고 해도, 상속받거나 증여받은 날로부터 15년이 지나면 세금을 부과할 수 없습니다. 단, 상속 또는 증여한 미술품의 가격이 50억 원을 초과하는 경우 15년이 지났어도 국세청에서 알기만 하면 언제든지 과세할 수 있습니다.

법인 사업자가 그림을 구입할 경우 1년에 1,000만 원 정도를 손금산입 비용으로 인정해줍니다. 즉 법인 사업자가 1,000만 원 미만의 미술품을 구입할 경우 비용처리가 가능합니다.

# 작품을
## 보관하는 방법

"그림은 어떻게 보관해야 할까요? 그림을 보관하려면 적절한 습도와 온도가 필요하고 빛을 피해야 한다고 들었는데, 전시장과 환경이 다른 일반 가정집에서 그림을 보관하기란 어렵지 않을까요?"

미술품을 구입한 후 어떻게 관리해야 하는지 묻는 사람이 많습니다. 그러나 어렵게 생각할 필요는 없습니다. 보통의 집에서 그림을 보관하는 가장 바람직한 방법은 벽에 걸어놓는 것입니다. 직접적으로 햇빛을 받지 않고, 주방에서 요리할 때 냄새나 기름의 영향을 받지 않는 정도의 거리에 있는 벽면이라면 어디든 괜찮습니다. 그림을 보호한다고 포장해놓거나 벽에 비스듬하게 세워두는 분들이 있는데, 오히려 곰팡이가 생기거나 액자가 뒤틀릴 수 있습니다. 거실이나 침실 벽에 걸어놓고 즐기는 것이 그림을 보관하는 가장 좋은 방법입니다. 단 고미술품, 내구성이 약한 재료로 창작된 작품, 구조에 따라 별도의 보관법이 필요한 작품 등은 구입하는 곳에서 보관 방법에 대한 조언을 받는 것이 좋습니다.

한편 작품을 구입하다 보면 앞면에 아크릴이나 유리 액자가 되어 있는 작품도 있지만, 앞면 액자 없이 캔버스 작업 그대로 구입하게 되는 경우도 있습니다. 집에 걸어놓고 감상할 작품이라면 먼지나 외부 충격, 위험으로부터 작품을 보호하기 위해 앞면에 아크릴이나 유리 액자를 하는 것이 바람직합니다. 조각 또한 재질에 따라 변형이나 손상이 발생하기 쉬운 작품이라면 보관 시 스크래치나 마모가 생기지 않도록 작품에 맞춰 좌대와 아크릴을 제작해 보관하는 것이 좋습니다.

소장하고 있는 작품 수가 많아 벽에 모두 걸어놓을 수 없는 경우, 작품을 보관하는 방법은 크게 두 가지입니다. 항온·항습이 잘되는 전문 수장고 서비스를 이용하거나 작품을 관리할 수 있는 구조를 설치하는 것입니다. 수장고 서비스를 제공하는 대표적인 업체로는 기존에 경매회사로 알려진 서울옥션과 케이옥션이 있는데 작품 관리, 보관, 보험 등 복합적인 서비스를 받을 수 있습니다. 수장고 임대 비용이 계속해서 들어가야 한다는 점은 소장자에게 부담이 될 수 있으나 소장품을 체계적으로 관리할 수 있습니다.

그 밖에도 작품이 하나씩 들어갈 수 있도록 책꽂이처럼 맞춤형 그림꽂이를 설치

하거나 서랍을 짜서 서랍 속에 작품을 보관하는 방법이 있습니다. 이때는 작품을 하나하나 포장해야 하는데, 유산지로 작품을 포장하고 에어캡으로 감싼 뒤 마지막에 소포용 황색 종이로 다시 감싸 보관하는 것이 좋습니다. 포장된 작품을 쉽게 구분하기 위해서 포장하기 전 사이즈를 정확히 재고 작품의 앞면과 뒷면을 촬영한 뒤 이 정보를 파일로 정리해서 출력하여 붙여놓기를 권합니다. 그러면 포장을 풀지 않고도 어떤 작품인지 쉽게 알 수 있습니다. 그리고 포장된 작품은 6개월이나 1년에 한 번씩 포장을 풀어 상태를 체크하는 것이 좋습니다.

# 미술품 지분소유와
# NFT 아트

아트테크에 대한 수요가 늘고, 미술품 투자가 금융 및 기술과 결합하면서 전통 미술 시장에서는 볼 수 없었던 대안 투자 방법이 많이 생겨났습니다. 아트펀드, 미술품 지분소유, NFT Non Fungible Token(대체불가토큰) 아트코인, 미술품지수 거래 등이 그 예입니다. 직접 컬렉션하는 것과는 전혀 다른 개념의 미술품 간접투자 방식입니다. 그중에서도 최근 MZ 세대를 중심으로 블록체인 기술을 적용한 미술품 지분소유, NFT 아트코인 투자가 큰 관심을 끌고 있습니다.

미술품 지분소유와 NFT 아트코인이 무엇인지 알아보고, 이런 간접투자를 할 때 체크해야 할 점과 주의할 점 그리고 미술품 대안 투자 방법들의 성장 가치를 살펴보겠습니다.

# 미술품 지분소유

2019년 11월 23일 크리스티 홍콩 경매에 김환기의 대표작인 푸른 점화 〈우주(원제: 05-IV-71 #200)〉(1971)가 출품됐습니다. 뉴욕에 거주 중인 한 컬렉터가 1971년에 구입해 50년 가까이 소장해온 작품으로 자녀들에게 재산을 증여, 상속하는 과정에서 시장에 나온 것입니다. 이날 경매는 57억 2,000만 원을 시작으로 10여 분 동안 치열한 경합(서른세 번의 현장 응찰과 전화 응찰)을 벌였고, 마침내 132억 원(수수료 포함 153억 5,000만 원)에 최종 낙찰됐습니다.

이날 김환기 작품의 성공적인 낙찰 결과를 눈여겨본 미술품 소액 투자자들은 며칠 후 한 미술품 공동소유 플랫폼에서 진행된 김환기 〈Untitled 10-V-68 #19〉의 지분소유권 구매에 관심을 가졌습니다. 이날 공동소유작으로 올라온 이 작품의 가격은 3억 8,000만 원이지만 이 작품을 소유, 투자하고 싶어 하는 사람은 최소 100만 원만 있으면 충분했습니다. 이더리움 기반의 블록체인 기술로 작품가를 380개의 구좌로 나눠 1인당 1구좌에서 15구좌까지 구입할 수 있도록 설정했기 때문입니다. 지분소유권 구매 창구가 오픈하자마자 1분 만에 1억 5,000만 원, 당일 총 3억 3,000만 원, 다음 날 총액이 모이면서 공동소유 구매가 완료됐습니다.

비슷한 시기에 한 미술품 공동소유 회사에서는 핀테크 기업인 핀크와 함께 또 다른 한국 블루칩 작가 이우환 작품의 공동구매를 진행했

김환기 작가 작품의 크리스티 경매 현장(출처: 크리스티)

습니다. 공동소유작으로 등장한 것은 2008년에 제작된 〈다이얼로그〉
로 공동소유 구매 총액은 2억 6,000만 원이며, 1만 원부터 지분소유권
구매가 가능하도록 구좌를 열어놓았습니다. 이 회사는 이전에도 1만
원부터 소유할 수 있는 피카소 작품을 소개해 1분 만에 공동소유자 모
객을 완료한 적이 있습니다.

이처럼 미술품 공동소유의 인기는 미술품 투자에 대한 사람들의 높
은 관심을 그대로 반영합니다. 미술품 지분소유는 소액으로 블루칩 작
가의 미술품을 소유할 수 있을 뿐만 아니라 미술품을 직접 소유함으
로써 직면하게 되는 여러 문제를 피할 수 있게 해줍니다. 즉 작품을 보
관·관리하고, 판매할 타이밍과 판매 루트를 찾아야 하는 수고를 덜어
주죠. 전통 미술 시장이 지닌 한계를 극복할 수 있는 이런 장점들이 있
기 때문에 앞으로 더욱 성장할 것으로 예상됩니다.

그렇다면 지분소유 방식으로 미술품에 투자할 때 유의할 점이나 위
험은 없을까요?

최근까지 미술품 공동구매를 하는 업체들은 금융 기관이 아니라 온
라인 통신 판매업으로 등록되어 있었습니다. 그리고 미술품 공동구매
업체를 통한 미술품 지분소유라는 것이 절대적 물권으로서 소유권을
갖는다는 개념인지, 아니면 이 업체들에 대해 채권적 권리를 갖는다는
것인지도 명확하지 않았습니다. 부동산의 경우 등기부등본에 모든 공
동소유자 명단을 올리면 해당 부동산 소유자들이 법적인 보호를 받을
수 있지만, 미술품은 법적으로 인정받을 수 있는 등기부등본이라는 것

이 존재하지 않기 때문에 공동구매 업체가 폐업해버리면 지분소유자가 법적으로 보호받을 방법이 없습니다. 그러므로 회사가 도산하거나 공동구매 시 문제나 피해가 발생할 경우 법적인 도움을 받을 수 없다는 점도 주의해야 했습니다.

그러나 2022년 12월 국내 금융 당국은 미술품 지분투자를 투자 계약증권으로 판단하고, 기존 투자업에 적용하던 규제, 즉 금융 당국에서 요구하는 조건들을 충족한다면 미술품 지분투자 사업을 합법적으로 인정하겠다고 발표했습니다. 기존부터 미술품 공동구매 사업을 해오던 업체든 앞으로 새롭게 뛰어들 업체든, 이제는 투자자 보호를 위해 금융 당국에 증권신고서 또는 소액 공모 공시 서류를 제출해야 하며 자본시장법상 규제를 모두 준수해야 합니다. 그러므로 미술품 공동구매를 하고자 할 때는 자본시장법상 규제를 준수하는 업체인지 확인한 후 검증된 업체를 이용하는 것이 좋습니다.

미술품 지분을 판매하는 업체마다 운영 방식이 다르긴 하지만 미술품 지분소유를 통한 수익 실현 방법은 크게 세 가지로 나눌 수 있습니다. 첫째, 공동소유 미술품을 일정 기간 보유하다가 매각한 후 판매 수익을 배분하는 방법입니다. 둘째, 플랫폼이 미술품을 보유하는 동안 지분을 주식처럼 매각해 수익을 내는 방법입니다. 셋째, 미술품 대여나 아트 상품 제작 판매 등 공동소유 미술품을 활용한 사업으로 수익을 창출해 지분 보유 기간에 지분만큼 배당을 하는 것입니다.

그러나 현실적으로 공동소유한 미술품으로 수익을 창출하기가 쉽지 않습니다. 현재 이 사업을 하는 업체 대부분이 언급하는 수익 배분 사업이 미술품 대여입니다. 그런데 부동산이나 음원은 분할소유 시 임대료나 저작권 사용료 같은 수익을 꾸준히 배당받을 수 있지만 미술품 대여 사업은 수익을 내기가 쉽지 않습니다. 이는 기존에 미술품 대여 사업을 해오던 업체들을 봐도 알 수 있습니다. 정기적으로 돈을 지불하면서 미술품을 빌리겠다는 수요가 현실적으로 많지 않을뿐더러 대여 과정에서 발생하는 보험, 운송, 설치, 인건비 등의 부가 비용이 상당히 크기 때문입니다.

미술품 지분 매각 역시 매력적인 수익 구조이긴 하나, 소유한 지분을 상시 매각하는 미술품 공동소유 주관 업체들의 웹사이트를 살펴보면 지금까지 지분 매각이 활발하게 이루어지지 않는다는 것을 확인할 수 있습니다.

그러면 남은 방법은 공동소유 미술품을 매각한 후 수익을 배분하는 것입니다. 하지만 미술품 매각 기준이 업체마다 다릅니다. 어떤 회사는 미술품 가격이 업체가 처음 정한 비율보다 상승하면 공동소유자들에게 별도의 동의를 구하지 않고 무조건 매각한 후 미리 정한 분배 기준에 따라 수익을 배분하고 완료합니다. 그런가 하면 또 어떤 회사는 공동소유자의 과반수가 동의할 때만 작품을 매각합니다. 이런 점을 생각하면 미술품 공동구매 업체를 고를 때 매각 절차가 간단하고 빠르게 진행되는 곳을 선택해야 합니다.

미술품 지분소유에 투자하고자 할 때 알아야 할 또 다른 사실은 공

———— 처음 하는 미술품 거래의 기술

동구매되는 미술품의 향후 시장성과 공동구매되는 작품의 가격이 적정한가에 대한 판단이 오롯이 투자자 개인의 몫이라는 점입니다. 대상 작품이 시장성이 있는지 아닌지를 투자자가 직접 판단할 수 있어야 하며, 분할 지분을 구매하는 것이긴 하지만 애초에 그 작품의 가격이 적정한지를 판단할 수 있어야 합니다.

과거 한 공동구매 플랫폼 회사에서 피카소의 목판화를 최소 1만 원짜리 지분으로 분할해 판매한 적이 있습니다. 피카소 작품을 1만 원에 살 수 있다는 점은 아트테크에 관심 있는 사람들에겐 엄청난 매력이었기에 이 작품의 분할 지분은 순식간에 완판됐습니다. 그러나 비슷한 시기에 미술 시장에서는 똑같은 작품이 그 사이트에 올라온 것보다 수백만 원 낮은 가격에 거래되고 있었습니다. 미술품 공동소유 투자자들은 공동구매 플랫폼에서 제공하는 미술품은 개인이 직접 구입하는 것보다 가격이 합리적일 것으로 생각합니다. 그러나 이처럼 실제 시장에서 거래되는 것보다 가격이 높은 경우가 가끔 있습니다. 따라서 미술품 공동구매를 제공하는 플랫폼에 올라 있는 작품들의 가격이 전통적인 미술 시장에서 거래되는 것보다 합리적인지 여부는 투자자가 다시 검증해볼 필요가 있습니다.

### 지분투자 회사를 이용한 미술품 투자 시 유의점

- 지분투자를 하려는 미술품의 가격이 시장가보다 합리적인가?
- 지분투자 업체가 공동투자한 작품을 재판매하는 기준은 무엇인가?

## 기존 아트펀드와 무엇이 다른가?

그림을 공동구매, 공동투자한다는 개념은 꽤 오랜 역사를 가지고 있습니다. 프랑스 파리에서는 1914년에 친인척 열세 명으로 구성된 아마추어 미술품 투자 모임 '곰의 가죽'이 10년 동안 작품 150여 점에 공동투자해서 투자 원금의 4배가 되는 수익을 냈습니다. 1974년 영국철도연금 아트펀드는 12년 동안 운영되면서 총 13.1%의 수익을 냈습니다. 과거의 미술품 공동투자 성공 사례들은 1970년대에 미술과 기존 금융 시스템이 결합된 아트펀드를 하나둘씩 출현시켰고 2000년대 초반에는 아트펀드가 전 세계적으로 확산됐습니다.

그렇다면 미술품 지분 판매는 2000년대 초반의 아트펀드와 무엇이 다를까요? 기존의 사모펀드식 아트펀드는 자금을 모은 후 전문가에게 미술품 투자를 위탁하는 것이고. 미술품 공동구매는 한 작품의 분할 지분을 구입하는 것입니다. 아트펀드는 일반적인 공모펀드와 달리 대부분 비공개이며 소수로부터 투자자 자금을 모아 운용하는 사모펀드로, 미술품 투자를 전문가에게 위탁하고 싶어 하는 자산가들을 대상으로 이루어지는 미술품 투자 상품입니다. 그에 비해 미술품 지분 판매는 블록체인 기술을 이용해 비싼 작품을 지분 형태로 쪼개 판매함으로써 투자 예산이 적어도 관심이 있으면 미술품에 투자할 수 있습니다. 아울러 아트펀드는 전문가가 구입부터 보관·관리·판매까지 모두 맡아주고 만기가 확정되어 있지만, 미술품 지분소유는 공동구매하는

# 읽을 거리 | 새로운 형태의 미술품 간접투자: 중국의 아트지수거래소

2000년대 초반 중국에서는 증권거래소와 같은 방식으로 운영되는 아트지수거래소 Art Exchange가 36개나 출현해 운영된 적이 있습니다. 증권거래소가 기업이 발행한 주식을 거래하기 위해서 개설된 시장인 것처럼, 아트거래소란 특정 작품에 대해 발행된 주식 또는 작품의 시장 가치를 거래하기 위해 개설된 미술금융의 또 다른 형태입니다. 처음 아트거래소에 대한 아이디어가 나온 곳은 프랑스지만 실제 아트거래소가 출현한 곳은 중국이었습니다. 다른 어떤 나라의 컬렉터들보다 미술품 투자에 적극적인 중국 본토 미술품 소비자들의 욕구가 아트거래소를 탄생시킨 배경이었습니다.

아트택틱Arttactic이 딜로이트Deloitte와 협업으로 내놓은 2011년 예술투자 보고서에 따르면, 2009년 6월 '톈진아트거래소Tianjin Cultural Artwork Exchange를 시작으로 정저우, 선전, 청두, 상하이 등 2011년 말까지 중국에 약 36개의 아트거래소가 운영됐던 것으로 추정됩니다. 아트지수거래소는 개장과 동시에 중국 미술 시장에 센세이션을 일으켰으며, 수많은 투자자를 매료시켰습니다. 저장성에 살고 있는 한 컬렉터는 한탕아트거래소Hantang Art Exchange에서 발행한 주식 중 약 3만 2,000달러어치의 주식을 사서 두 달 동안 보유 후 매도하여 1,700%의 수익을 거둬 화제가 되기도 했습니다. 이후 다른 아트거래소에도 비슷한 수익을 올리는 패키지들이 속속 출현해 투자자들을 열광케 했습니다.

그러나 이와 같은 아트거래소의 활약에도 불구하고 중국 정부는 2011년부터 아트거래소 운영을 금지했습니다. 명확한 산업규제와 표준이 없어 투자자들이 큰 손실을 볼 수 있다는 우려 때문이었습니다. 그러나 아트거래소는 예술금융의 진화된 형태 중 하나임이 분명하며, 오늘날 미술품 지분투자나 NFT 아트와 같은 새로운 형태의 미술품 투자가 출현하는 것을 보면 아트지수거래가 부활할 수도 있으리라 생각합니다.

미술품에 간접적으로 투자하되 작품 선정 및 소유 지분 관리는 오롯이 투자자의 몫이라는 점에서 아트펀드와 구별됩니다.

## NFT 아트 투자

2021년 3월 크리스티 뉴욕 경매에서 디지털 아티스트 비플Beeple(본명 마이크 윈켈만Mike Winkelmann)의 NFT 아트 〈매일: 첫 5000일Everydays: The First 5000 Days〉이 한화 786억 원에 낙찰된 것을 신호탄으로 전통 미술 시장에서도 NFT 아트 거래 규모가 빠르게 증가하고 있습니다. 현재 크리스티, 소더비, 필립스 같은 대형 전통 경매회사를 선두로 기존 미술 시장의 약 40%가 이미 NFT 아트를 제공하는 것으로 추정되며 앞으로 NFT 아트를 제공하겠다는 미술 시장도 30%가 넘습니다. 전통 미술 시장에서 NFT 아트에 관심을 갖는 이유는 미술품 컬렉터와 암호화 및 디지털 예술에 관심이 있는 사람들이 실제로 꽤 겹치기 때문입니다.

서울옥션과 갤러리현대에서도 NFT 아트 플랫폼을 오픈하고 NFT 사업을 본격적으로 준비하고 있습니다. 국내 대표 아트페어인 한국국제아트페어KIAF를 비롯하여 프리즈, 아트바젤 같은 전 세계 주요 아트페어에서도 별도의 부스를 마련하여 NFT 아트 특별전을 선보이고 있습니다. 이렇듯 국내외 할 것 없이 점점 더 많은 전통 갤러리와 예술가들 그리고 국공립미술관들까지 NFT 아트코인의 발행, 판매, 전시에 참여하고 있습니다.

예술가들 사이에서도 콘텐츠를 NFT화하는 아트 민팅에 대한 관심이 높아지고 있습니다. 2000년대 초반 폼알데하이드 속 상어 작품으로 센세이션을 일으켰던 영국 작가 데미언 허스트, 일본 팝 작가 무라카미 다카시Murakami Takashi와 같은 블루칩 예술가들을 선두로 NFT 아트 코인을 발행·거래하고 가상 공간인 메타버스와 오프라인에서 동시에 전시하는 예술가들이 점점 더 늘어나고 있습니다.

예술가들이 NFT 아트 민팅에 관심을 갖는 이유는 소유권을 명확하게 기록할 수 있고, 중개자 없이 컬렉터와 직접 만날 수 있으며, 블록체인을 통해 작품이 재판매될 때마다 추적할 수 있을 뿐 아니라 재판매 로열티를 받을 수 있기 때문입니다.

현재 전통 미술 시장에 참여하고 있는 컬렉터들이 NFT 아트에 관심을 갖는 핵심 동인은 암호화폐처럼 소액으로 투자하여 단기간에 큰 수익을 올릴 수 있다는 점을 꼽습니다. 영국 특수보험업체 히스콕스 Hiscox의 2022년 온라인 미술 시장 리포트에 따르면, 전통적인 미술품 컬렉터보다 NFT 아트 컬렉터들이 더 큰 투자수익을 기대하는 것으로 나타났습니다. 투자와 더불어 NFT 아트 컬렉션의 또 다른 매력인 자신이 좋아하는 예술가와 사회적·커뮤니티적 활동을 할 수 있다는 점, 중개인을 거치지 않고 거래할 수 있으며 제도권에 얽매이지 않는다는 점, 거래를 하는 데 시공간의 제한을 받지 않는다는 점 또한 컬렉터들의 관심을 받고 있습니다.

아직 전통 미술 시장의 컬렉터들이 회화나 조각만큼 NFT 아트를 수집하는 것은 아니지만 전통 미술 시장 내에서 NFT 아트 시장은 더 확장될 것으로 보입니다. 하지만 NFT 아트는 초기 시장인 만큼 주의해야 할 것들이 많습니다. 득히 NFT 아드 컬렉션의 주목적이 투자라면 더욱더 주의해야 합니다. 2021년 거래총액이 급성장했던 NFT 시장은 2022년 거래총액이 2021년에 비해 30% 이상 급감했습니다. 아직 초기인 NFT 아트 시장은 암호화폐처럼 급등과 급락을 반복할 것으로 보이며, NFT 아트코인의 가치를 평가할 수 있는 기준도 아직 정립되어 있지 않습니다. 전통 미술 시장과 동일한 기준으로 NFT 아트의 가치를 평가하는 데도 한계가 있습니다.

지금 고가에 NFT 아트코인을 구입하는 이들 중에는 NFT 아트코인 사업 관계자가 많습니다. 블록체인 업계가 시장 분위기를 띄우기 위해 '자전 거래'로 NFT 자산의 거품을 키우고 있다는 비판도 적지 않습니다. 비플의 〈매일: 첫 5000일〉도 싱가포르 NFT 운용·투자사인 메타퍼스Metapurse 창업자 메타코반Metakovan이 샀으며, 이 외에도 NFT 아트의 내부 거래로 가격을 치솟게 하는 사례가 적지 않은 것으로 알려졌습니다. 현재 NFT 아트 거래 가격은 커뮤니티와 NFT 아트 추종자 또는 관계자들이 만들어낸 상징적인 가격이지 시장 가격이라고 보기는 어렵습니다.

그렇다면 NFT 아트는 어디에 가치를 두고 구입해야 할까요? NFT 아트의 가치 평가는 NFT 아트의 이미지 자체가 갖는 가치보다는

NFT 아트의 커뮤니티가 얼마나 성장성이 있느냐에 달려 있다고 봐야 합니다. 컬렉터 입장에서는 NFT 아트를 자신이 좋아하는 예술가 커뮤니티의 회원 또는 멤버가 될 기회로 생각해야 합니다. 만약 투자를 목적으로 NFT 아트에 접근하려면 커뮤니티의 성장성이 크거나 그 커뮤니티의 참여자로서 활발하게 활동할 수 있다는 자신감이 들 때 구입해야 기대하는 수익에 가까워질 수 있을 것으로 보입니다. 즉 NFT 아트의 가치는 컬렉터가 크리에이터가 되는 쌍방향 예술 작품으로 계속 새롭게 변화하고 발전할 수 있을 때 만들어지는 것으로 봐야 합니다. 사람들에게 '지속적인 공감'을 끌어낼 수 있는 콘텐츠, 로열티 강한 커뮤니티와 팬덤, 사회적 의미가 강력한 NFT가 가치를 유지하며 거래될 것입니다.

　기존 미술 분야에서 디지털 아트는 디지털 파일로 존재하기 때문에 원본이 무엇이고 복제본이 무엇인지 구별하기 쉽지 않아 시장 가치를 갖기 어려웠죠. 그런데 블록체인으로 만들어진 NFT 아트는 소유자가 누구인지 명확해지면서 자산으로서의 가치를 갖게 됐습니다. 현재 미술 시장에서 소개되는 NFT 아트는 디지털 아티스트가 제작한 작품과 페인팅이나 조각 같은 전통 소재로 제작된 기존의 작품을 NFT 아트화된 작품으로 구분할 수 있는데, 기존의 미술 작품을 NFT 아트로 제작하는 경우에는 복잡한 문제가 발생할 수 있습니다. 컬렉터가 작가로부터 실물 미술 작품을 구매하는 경우, 소유권은 컬렉터에게 이전되지만 저작권은 특별한 약정이 없는 한 작가에게 남게 됩니다. 만약 컬렉터가 작가의 동의 없이 실물 미술 작품을 촬영한 이미지의 NFT를 생성하면 어떻게 될까요? 이는 복제권 침해에 해당한다는 판단이 내려질 가능성이 큽니다. 실제로 한 업체가 소장자의 허락 아래 김환기, 박수근, 이중섭 작품의 NFT를 생성하여 경매에 내놓으려고 했는데 환기재단 등 저작권자가 문제를 제기한 사례가 있습니다. 그러므로 NFT 디지털 아트를 인스타그램에 올리거나 카카오톡 프로필 화면으로 사용하려면 저작권자로부터 복제권·전송권 등을 양도받거나 복제·전송 등에 관한 이용 허락을 받아야 합니다. 또한 기존 작품을 NFT 아트화한 경우에는 소유권과 저작권 이슈로 향후 문제의 소지는 없는지 체크해보아야 합니다.

NFT 아트는 아직 초기 단계라서 제도권적인 기준이라는 것이 존재하지 않습니다. 다만 비트코인, 이더리움 등 가상화폐의 시장 규모가 코스피 시장에 버금갈 정도로 급속도로 커지면서 가상화폐 매매로 얻은 소득에 대해 20%의 세금을 부과하는 방안이 검토되고 있습니다. 1년간 가상자산을 양도(대여 포함)함으로써 발생한 이익과 손실을 통산해 이익이 난 경우 250만 원을 공제한 후 20% 세율로 분리과세를 하고, 다음 해 5월 종합소득세에서 정산해 세금을 납부하는 형식입니다. 가상화폐에 대한 과세가 검토되면서 NFT 아트에 대한 과세 여부도 공론화되고 있습니다. 그러나 NFT 아트의 과세 방향은 정부에서 NFT 아트를 전통 미술품과 같은 선상에서 볼 때와 NFT를 새로운 시장으로 판단할 때 등 관점에 따라 달라질 수 있습니다. 예를 들어 1년간 NFT에서 발생한 소득이 2,000만 원(예를 들어 양도 가격 5,000만 원 – 취득 가격 3,000만 원)인 경우 NFT를 가상자산으로 보면 250만 원을 공제한 금액에서 세율(20%)을 곱한 350만 원이 과세됩니다. 반면 미술품의 범위에 포함된다면 양도 가격이 6,000만 원 이하이기에 비과세로 처리되죠. NFT 아트에 투자할 의향이 있다면 앞으로 정부의 세금 부과 정책도 예의주시해야 할 것으로 보입니다.

NFT 아트 시장은 새로운 형태의 예술 시장인 만큼 우려되거나 해결해야 하는 문제점이 아직 많습니다. NFT 아트코인에 투자하는 사람들은 미술품 지분 거래 또는 NFT 아트코인 거래의 표준화, 산업 규제, 감시 기관이 만들어지기 전까지는 이런 리스크를 감수한 투자임을 명심해야 합니다. 아직 섣부르게 공격적인 컬렉션을 할 필요는 없으나 NFT 아트는 컬렉터들에게 매력적인 수집품이며 투자 면에서도 또 다른 기회이기 때문에 관심을 갖고 지켜보기를 바랍니다.

# NFT
# 아트코인이란?

NFT란 JPG, GIF, 오디오 등 디지털 콘텐츠에 부여된 소유권을 보장하고 양도 또는 판매를 허용하는 디지털 인증서입니다. 이 인증서는 블록체인 기술을 활용해 예술품의 원본 여부를 확인할 수 있는 디지털 자산으로 토큰마다 고유한 값이 부여되므로 소유자, 거래 내역, 진위를 파악할 수 있습니다. 또한 블록체인 기술로 보호되기 때문에 해킹이나 변조를 막을 수 있습니다. 일반적인 동영상이나 이미지, 음악 파일은 대량 복제가 가능해 무엇이 원본인지를 파악하기 어렵지만, NFT는 소유권이나 판매 이력 등의 정보가 모두에게 공유되는 블록체인에 저장되기 때문에 원본임을 증명할 수 있습니다.

블록체인 기술에 기반한 자산이라는 공통점 때문에 NFT는 가끔 비트코인 같은 암호화폐와 혼동되지만, 암호화폐는 대체 가능한 반면, NFT는 대체할 수 없는 자산으로서 디지털 인증서가 따라붙는다는 점이 암호화폐와 구별되는 점입니다. 예를 들어 암호화폐인 1비트코인은 다른 이의 지갑에 있는 1비트코인과 교환해도 가치의 손상이 일어나지 않지만 NFT 코인은 각기 다른 고유 번호를 부여받기 때문에 같은 것이 하나도 없습니다. 즉, 같은 이미지의 디지털 파일이라도 각기 고유한 번호가 있으니 다른 NFT 코인이라는 의미입니다. NFT 시장 분석 플랫폼 넌펀저블닷컴NonFungible.com은 NFT를 컬렉터블, 예술 작품, 유틸리티, 게임, DeFi(탈중앙화금융), 메타버스, 스포츠 등 일곱 가지로 분류하는데 이 중 현재 가장 많이 거래되는 것은 컬렉터블과 더불어 NFT 아트입니다. 그리고 이 NFT 아트 시장의 규모가 빠르게 확대되면서 전통 미술 시장에서도 NFT 아트를 빠르게 도입하고 있습니다.

# 05

# 글로벌
# 미술 시장
# 트렌드

# how to invest in art?

# 세계 미술 시장의 지형도와
# 한국 미술 시장의 현주소

미국·유럽의 컬렉터들과 서양 예술가들이 주도하던 20세기 미술 시장은 21세기를 전후로 전 세계 예술가, 컬렉터, 딜러들이 공존하는 글로벌 미술 시장으로 변모했고 미술 시장의 규모도 폭발적으로 성장했습니다. 시장의 이런 변화는 세계정세와 경제 상황의 변화, 서양 현대 미술사 중심의 교육, 인터넷을 통한 정보의 공유와 정보의 빠른 확산, 국경을 초월한 미술 시장의 세계화와 현지화 전략이 전 세계 예술품 소비자의 미적 취향을 유사하게 만든 데 기인합니다. 아시아를 중심으로 전 세계 각 지역에서 출현한 신흥 부호들과 MZ세대의 미술품 컬렉팅에 대한 인식 변화와 열의 그리고 금융 기관을 비롯해 대안 투자처가 필요했던 투자자들의 아트테크에 대한 관심 또한 글로벌 미술 시장의 규모를 확대하는 데 기여했습니다. 아울러 서양 기반 대형 경매회사와 기업형 갤러리들의 공격적인 해외 진출과 현지화 전략, 국제 아트페어 붐, 온라인 미술 시장의 확산, 인터넷 기술의 발달, 미술관 비즈니스 성장 또한 미술 시장 글로벌화를 가속화하고 있습니다.

이번에는 21세기 국내외 미술 시장의 특징과 최근 동향을 살펴보겠습니다.

## 뉴욕, 런던, 홍콩 + 알파

국제표준화기구ISO 기준 전 세계 249개국 중 예술가, 컬렉터, 미술품 거래 인프라 등 세 가지를 모두 갖추고 있는 나라는 30여 개에 불과하며 이 중에서도 미술품 거래가 활발한 나라는 극히 일부에 지나지 않습니다. 미술 시장을 가지고 있는 나라들은 그 나라의 역사만큼 오랜 기간에 걸쳐 고유의 경제적·지역적·사회적·정치적·법률적 상황에 기반한 독자적 지역 미술 시장을 형성하고 발전시켜왔습니다. 그리고 오늘날 전 세계 예술 소비자의 코드와 취향이 유사해지면서 뉴욕, 런던, 홍콩, 파리 같은 몇몇 미술 시장이 글로벌 미술 시장의 허브 역할을 하고 있습니다. 미술품 수요처와 공급처로서의 장단점을 활용한 이 지역 미술 시장에서의 미술품 무역이 어떤 시대보다 번성하고 있습니다. 과거에는 대륙을 넘나드는 예술가들과 딜러들이 미술품 무역을 주도했지만 21세기 미술품 무역은 경매, 아트페어, 온라인 미술 시장 플랫폼 그리고 예술가의 해외 진출 등 다양한 경로를 통해 이루어지고 있습니다.

현재 전 세계 미술 시장은 어떤 지형도를 그리고 있을까요? 아트바젤과 UBS 글로벌이 함께 발표하는 아트마켓 리포트에 따르면 오늘날 전 세계 미술품 거래총액의 약 84%가 미국, 영국, 홍콩과 대만을 포함한 중화권, 프랑스에 편중되어 있습니다. 글로벌 미술 시장의 허브 역할을 하는 지역들로, 세계 3대 국제 금융 허브로 꼽히는 미국의 뉴욕, 영국의 런던과 아시아의 홍콩이 포함됩니다. 그중에서도 미국은 뉴욕을 중심으로 전 세계 미술품 거래총액의 약 45%를 차지하며 미술품 무역의 핵심 본부 역할을 하고 있습니다.

20세기 중반부터 미국 뉴욕은 추상 표현주의를 시작으로 줄곧 동시대 미술의 흐름을 주도해왔습니다. 미술품 구매력이 큰 초부유층과 크리스티·소더비·필립스 같은 메이저 경매회사, 가고시안·데이비드 즈워너David Zwirner 같은 메가 갤러리 그리고 경험 많고 노련한 전 세계 딜러들이 모여 전 세계 컬렉터들을 대상으로 활발한 미술품 거래를 하며 세계 미술 시장의 지표 역할을 하고 있죠. 영국 런던 또한 인접한 다른 유럽연합EU 국가에 비해 상대적으로 낮은 미술품 거래세, 오랫동안 견고하게 발전해온 미술품 거래 시스템과 지역적 이점, 자국에 유입된 풍부한 미술품과 컬렉터를 바탕으로 미국 뉴욕과 더불어 글로벌 미술 시장의 중심지 역할을 해왔습니다. 그러나 2021년 1월 EU에서 공식 탈퇴한 영국은 EU 국가로부터 수입하는 모든 품목에 부가가치세가 부과됨으로써 최근 유럽 내 EU 국가들로부터의 미술품 수입이 감소하고 있습니다.

글로벌 미술 시장의 허브 역할을 하는 지역들의 특징으로는 예술품에 대한 풍부한 수요와 공급, 인접한 지형적 매력과 함께 체계적인 미술품 거래 인프라, 미술품 거래 시 부과되는 낮은 세금이 있습니다. 그런 만큼 미술품 무역에 대한 의존도가 상당히 큰 편입니다. 브렉시트 Brexit로 영국 런던에서 거래되는 미술품 거래 건 수와 거래 총량이 감소했지만, 초고가 작품 거래에서는 뉴욕의 지배력이 커지고 유럽 내 다른 지역을 통한 미술품 시장의 규모도 커지고 있습니다. 특히 최근 프랑스와 독일 미술 시장의 거래총액 증가가 눈에 띄며, 그중에서도 프랑스 파리 미술 시장의 변화가 주목할 만합니다. 파리의 미술품 거래 규모가 증가하고 있을 뿐만 아니라 글로벌 아트페어 아트바젤이 파리에 진출했으며, 메이저 경매회사들이 파리 내 경매 규모를 확대하고 있습니다. 또한 런던에 본사를 두고 있는 메이저 갤러리들이 파리에 새로운 전시 공간을 오픈하고 기존 갤러리 공간을 확대하는 등 미술품 거래 인프라도 빠르게 확대되고 있습니다.

중국 본토, 대만, 마카오, 홍콩으로 이루어진 중화권 미술 시장도 21세기 미술 시장의 다크호스로 떠올랐습니다. 시장 개혁, 개방, 자본주의 체제의 도입 덕에 제조업으로 단기간에 큰 부를 축적한 부자들이 대거 출현한 중국 본토와 대만 내 미술품 수요가 높아졌습니다. 또한 홍콩은 자유무역항이자 아시아 금융의 중심지이면서 한 세기 넘게 중국 고미술을 교역하며 발전시켜온 미술품 거래 인프라를 가지고 있습니다. 전 세계 딜러들과 경매사, 아시아 컬렉터들이 홍콩으로 모여든 덕분에 중화권 미술 시장은 현재 전 세계 미술품 거래총액의 약 20%

를 점유하고 있습니다. 2000년대 초반까지만 해도 전 세계 미술 시장에서 중국이 차지하는 비중은 극히 미미했지만, 2011년도에 일시적으로 전 세계 미술품 거래총액의 30~40%를 차지하며 미국 미술 시장의 거래총액을 능가할 정도로 확대되기도 했습니다. 그러다가 최근 몇 년 동안은 영국 런던과 전 세계 미술품 거래총액 2위와 3위 자리를 주거니 받거니 하고 있습니다.

최근 주목해야 할 중화권 미술 시장의 동향은 인도와 21세기 초의 새로운 컬렉터들이 많이 모여 있는 동남아시아 지역의 허브였던 홍콩의 역할이 지속될까 하는 점입니다. 홍콩 사태 이후 시진핑 정권의 홍콩 통제가 계속 강화되고 있으며, 대만·남중국해와의 관계가 긴장되

**주요 국가별 거래총액 분포(2021)**　　　　　　　　　(출처: 아트마켓 리포트)

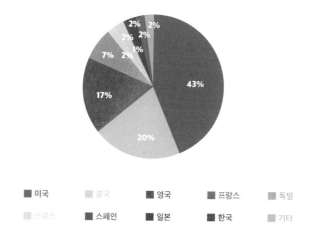

고 있기 때문입니다.

　미국 뉴욕, 영국 런던, 홍콩을 포함한 중국 이외에 전 세계 미술품 거래총액의 20%를 책임지고 있는 각 지역의 미술 시장은 주로 그 지역 예술가의 공급과 지역 컬렉터의 수요를 기반으로 움직이고 있습니다.


## 글로벌 3대 경매회사와 지역 메이저 경매회사의 영향력

예술가가 미술 시장에서 작품 거래에 탄력을 받으려면 2차 시장이 중요합니다. 아무리 메이저 갤러리의 관리를 받고 있는 예술가라고 하더라도 2차 시장을 대표하는 경매회사에서 데뷔하지 않은 예술가는 작품가 상승의 탄력을 받거나 강한 시장을 형성하기가 쉽지 않습니다. 갤러리는 일반적으로 자신이 프로모션하는 예술가의 작품을 2차 시장에 내놓는 컬렉터를 좋아하지 않지만, 자신이 프로모션하는 예술가의 시장을 활성화하기 위해서 의도적으로 작가의 작품을 경매에 참여시키기도 합니다. 경매에 나오는 작품의 퀄리티는 천차만별이지만, 경매장에서 해머로 결정된 낙찰가와 경매회사가 제시한 추정가는 한 작가의 명성과 그의 전 작품의 경제적 가치를 결정하는 척도로 작용할 만큼 영향력이 커졌기 때문입니다. 경매장에서 작품이 고가에 낙찰된다면 작가는 바로 다음 날 미술 시장의 슈퍼스타로 떠오릅니다. 그리고 이 일회성 작품가는 그 작가의 미술 시장 인지도를 결정하는 강력한 기준이 될 뿐만 아니라 2차 시장 모든 거래에서 이뤄지는 작가의 작품 거래에 영향을 미치게 됩니다.

전 세계 미술품 거래총액 비율을 1차 시장과 2차 시장으로 나눠 살펴보면 2차 시장을 통한 미술품 거래가 43~47% 정도를 차지합니다. 1차 시장에서의 미술품 거래 비율이 다소 높은 편이지만, 얼마에 거래됐는지는 판매와 구매 당사자가 아닌 이상 알 길이 없습니다. 누구나 투명하게 거래가를 알 수 있는 공개 거래는 경매밖에 없습니다. 그러다 보니 경매가는 딜러를 통해 거래되는 작품가보다 공신력을 갖습니다. 미국 국세청에서도 미술품 관련 세금을 책정할 때 갤러리 가격이나 전문가의 추정가보다 경매 낙찰가를 신뢰하고, 미술품 담보대출을 제공하는 은행권에서도 작품의 경매 기록을 참고로 대출 금액을 결정할 정도로 경매 낙찰가와 추정가는 공신력이 있습니다. 온라인 미술 시장 정보 사이트에서 제공하는 미술 시장 분석 자료들도 주로 경매회사들의 거래를 기반으로 발행됩니다. 금융권에서 개발하는 아트펀드 같은 미술금융 상품도 경매 낙찰가와 추정가를 참고로 발표한 미술 시장 지표와 시장 분석 보고서를 기반으로 포트폴리오를 구성합니다.

경매회사는 추정가보다 높은 경매 낙찰가, 전 세계에 자리 잡고 있는 경매장과 사무국을 통해 지역 미술 시장과 전 세계 미술 시장의 트렌드를 만드는 대표적인 곳이기도 합니다. 소더비와 크리스티는 뉴욕과 런던을 비롯하여 전 세계에 수십 개의 지점을 두고 있습니다. 소더비는 현재 전 세계 40개국에 90개의 사무실 또는 경매장을 두고 있으며, 크리스티도 미국 · 유럽 · 홍콩 등 39개국에 15개 경매장과 85개 사무소를 운영하고 있습니다. 이들은 전 세계 각 지역 미술 시장의 동향을 실시간으로 수렴하여 주요 경매에 반영합니다. 역으로 주요 경매 출품작 홍보 내용과 경매 결과를 각 지역 미술 시장으로 빠르게 전달하여 세계적인 슈퍼 아트 스타를 만들어내고 전 세계 미술 시장에 동일한 트렌드를 만들어가는 데 한몫합니다. 한국의 서울옥션, 케이옥션 같은 각 지역 메이저 경매회사 또한 크리스티, 소더비, 필립스와 동일한 방식으로 지역 미술 시장의 트렌드를 주도합니다.

경매회사는 위탁자와 낙찰자에게 받는 경매 수수료를 주된 수익원으로 하기 때문에 인기 있는 예술가의 작품이 시장에서 빠르게 순환하고 가격이 빠르게 상승하는 것이 중요합니다. 그래서 작품 재판매 주기를 줄이기 위해 철마다 달라지는 유행 의류의 원칙과 빠르게 변화하는 현대 생활양식을 미술 시장에 접목하는 마케팅 전략을 펼칩니다. 경매회사들은 패션 잡지나 신문 같은 대중매체와 전 세계에 있는 지점들을 활용해 전 세계 고객들에게 작품이 21세기 최고의 명품임을 주입하며, 미술 작품도 계절마다 바뀌는 옷과 가방처럼 쉽게 사고팔 수 있다는 소비 패턴을 컬렉터들에게 인식시킵니다.

이런 노력의 결과로 명품 가방을 사듯이 작품을 소비하는 컬렉터들이 생겨났고, 실질적으로 작품 재판매 주기도 이전에 비해 상당히 빨라졌습니다. 몇 년 전만 해도 판매된 작품이 다시 시장에 나오는 데 5년에서 10년 정도가 걸렸지만 요즘에는 판매된 지 6개월도 채 안 된 작

글로벌 미술 시장 트렌드

품들이 2차 시장에서 공공연하게 거래되는 일이 점점 더 많아지고 있습니다. 게다가 최근 경매회사는 경매 외에도 기존 고객들을 대상으로 프라이빗 판매를 중개하고, 예술가를 직접 접촉해 신작을 거래하면서 미술 시장에서의 역할을 확장해나가고 있습니다.

최근 온라인 미술품 거래 시장에서 가장 규모 있게 성장하고 있고 NFT 아트 최고가를 만들어내는 곳 또한 크리스티, 소더비 같은 주요 미술품 경매회사의 온라인 경매입니다. 코로나 팬데믹 기간 미술 시장을 뜨겁게 달구었던 NFT 아티스트의 최고가 기록들은 주로 크리스티와 소더비 같은 전통 메이저 경매회사에서 나왔습니다. 온라인 미술 시장 초기에 오프라인 미술 시장과 구분되는 다양한 온라인 미술품 거래 플랫폼이 출현했으나, 수년간에 걸쳐 정리되면서 새로운 강자로 떠오른 것도 전통적인 메이저 경매회사들입니다. 이들의 시장 독식에 대한 우려의 목소리에도 불구하고 미술 시장에서 경매회사가 갖는 지배적인 영향력, 특히 메이저 경매회사가 갖는 지배력은 앞으로도 지속될 것으로 보입니다.

# 경매회사의
변천

과거 경매회사의 주 고객들은 미술 시장에 대해 해박한 지식을 가지고 있는 전문
가들과 아트 딜러들이었습니다. 이들은 자신의 고객들에게 되팔 수 있는 낮은 가
격대에 작품을 확보할 수 있는 창구로 경매회사를 이용했습니다. 그러나 1960년
대 후반부터 경매회사는 회사의 수익을 키우고 사업을 확장하기 위해서 아트 딜
러를 대상으로 하는 도매상이 아니라 부유한 개인 컬렉터를 대상으로 하는 소매
상으로 변신하기 위해 갖은 노력을 기울였습니다. 이들 경매회사의 전략은 투자
은행이나 명품회사 같은 이미지를 심어줌으로써 재테크와 명품에 관심이 많은 부
유층을 경매장으로 끌어들이는 것이었습니다.

소더비의 전 대표 피터 윌슨Peter Wilson은 홍보 전문가를 고용하고 금융 전문가
와 협력하여 경매회사가 지닌 도매회사 같은 고전적인 이미지를 벗어버리고, 잘
나가는 전문 투자은행 같은 이미지를 심기 위해 노력했습니다. 경매 가격과 추정
가격을 기입한 카탈로그를 제작해 미술품을 구입할 만한 개인들에게 배포하기도
했죠. 그리고 금융 전문가와 협력하여 작품 경매가를 미술품 거래의 척도로 사용
할 수 있는 타임스-소더비 미술 지표를 내놓았으며, 투자 상품으로서 미술품의 가
치에 대한 보고서들을 작성해 꾸준히 발표했습니다. 이런 그의 노력은 오늘날 작
품 가격을 공식화·표준화하고, 작품이 단순한 소장품이 아닌 투자 대상이라는 개
념을 보편화하는 데 크게 기여했습니다. 이 외에도 윌슨은 고객을 더욱 확장함
과 동시에 세분화하기 위해 1964년 미국 뉴욕 기반의 경매회사 파크버넷Parke-
Bernet을 인수하고, 전 세계 주요 도시에 지점들을 열었습니다. 그 결과 오늘날 소
더비는 전 세계 40여 개국에 90개의 사무실과 경매장을 두고 1,500명의 직원을
고용한 대형 경매회사로 성장했습니다.

윌슨에 이은 소더비의 또 다른 인물 앨프리드 타우브먼Alfred Taubman 또한 고객
확대를 위해 다양한 노력을 기울였습니다. 그는 런던보다 더 많은 백만장자가 모
여 있는 뉴욕 미술 시장을 집중적으로 공략하기 위해서 1983년에는 아예 소더비
본사를 런던에서 뉴욕으로 옮겼습니다. 경매 출품작에 대한 정보를 최적의 방식
으로 전달하기 위해 경매도록 디자인에도 세심한 노력을 기울였고요. 경매에 출

품되거나 고가에 낙찰된 작품들을 대서특필하고, 경매에 부쳐진 작품에 얽힌 이야기들을 드라마틱하게 기사화하여 대중의 관심을 불러일으켰으며, 경매가 흥미진진한 상류층 행사이긴 하지만 누구나 원하면 참여하고 관람할 수 있는 행사라고 홍보하는 데 주력했습니다. 이 외에도 타우브먼은 초보자라도 작품을 구입하고 경매에 참여할 수 있도록 도움을 주고, 고객을 지속적으로 관리하고자 다양한 예술 강좌를 정기적으로 열었습니다. 그리고 이 미술 강좌들은 소더비 인스티튜트로 발전했죠. 오늘날 소더비 인스티튜트는 일반인뿐만 아니라 아트 비즈니스에 관심 있는 사람들에게도 도움이 될 만한 미술 시장 전반에 대한 강의를 분야별로 제공하는 전문적인 아카데미로 성장했습니다.

소더비의 수장들이 작품을 소장하는 것이 아닌 투자하는 것이라는 개념을 심어주었다면, 소더비의 영원한 경쟁사인 크리스티는 작품을 소장하는 것이 아닌 소비하는 것이라는 개념을 심어주었습니다. 1988년 프랑스 럭셔리 그룹 PPR의 대주주인 프랑수아 피노가 크리스티 지분 100%를 인수하면서 크리스티는 상류층의 라이프스타일과 취향을 겨냥하는 최고의 명품회사로 변모했습니다. 피노가 주목한 것은 명품회사의 고객과 미술품 컬렉터가 서로 겹친다는 사실이었습니다. 그는 고객들에게 미술품 컬렉션을 마치 유행하는 의류처럼 가볍게 소비할 수 있는 고품격 생활양식으로 소개했고, 그 전략은 성공적이었습니다.

1999년 세계에서 세 번째로 큰 경매회사 필립스 드 퓨리Phillips de Pury를 인수한 경험이 있는 프랑스의 또 다른 명품회사 LVMH의 오너 베르나르 아르노Bernard Arnault 또한 크리스티와 유사한 전략으로 미술품 수집 개념을 미술품 소비 개념으로 전환하는 데 기여했습니다. 아르노는 2002년 필립스 드 퓨리의 지배권을 드 퓨리와 룩셈부르크에 넘기고 27.5%의 소유권만 유지하기로 했지만, 필립스를 인수할 당시 시몬 드 퓨리Simon De Pury가 경영하던 미술품 거래 회사와 합병하고 미술 잡지 <아트 앤 옥션Art and Auction>과 <코네상스 데 자르Connaissance des Arts>를 동시에 인수하여 컬렉터들의 미술 소비 패턴을 적극적으로 이끌고자 했습니다.

경매회사들의 이런 노력으로 1980년대 후반 경매회사의 고객 중 아트 딜러가 차지하는 비율이 약 80%에서 40%로 감소했으며, 1990년대 이후부터 경매회사는 미술품을 거래하는 편리한 수단으로 개인 컬렉터 및 기관 컬렉터 모두 선호하는 시장이 됐습니다.

경매회사의 대중화 전략은 경매회사의 개인 고객을 늘렸을 뿐만 아니라 미술 시장의 대중적 인지도를 높였습니다. 그리고 경매 낙찰가 공개는 다양한 아트인덱스가 개발되는 계기를 마련했습니다. 오늘날 아트인덱스는 단순히 미술품 컬렉션이나 투자 또는 투자회수의 기준으로만 활용되는 것이 아니라 자선, 기부, 세금, 보험 그리고 대출을 위한 평가 기준으로도 활용됩니다.

경매회사의 변화와 발전은 미술 시장의 규모를 확장하는 데에도 큰 기여를 했으며, 21세기로 진입하면서 오늘날 미술 시장이 세계화되는 데에도 결정적인 역할을 하고 있습니다. 현재 전 세계에는 2,900여 개의 경매회사가 있고, 그중 700여 개사가 정기적으로 경매를 열고 있는 것으로 추정됩니다. 그중에서도 크리스티, 소더비, 필립스 듀 퓨리, 본햄스Bonhams, 중국 경매회사 폴리인터내셔널옥션Poly International Auction, 차이나가디언옥션China Guardian Auction 같은 몇몇 대형 경매회사가 2차 시장 거래의 80% 정도를 차지하며, 작품의 가격과 가치를 결정하는 미술 시장 최고의 권력자로 군림하고 있습니다.

## 서구 메가 갤러리들의 현지 전략:
## 지역 갤러리에서 국제 갤러리로

미국과 유럽 기반 파워 딜러를 중심으로 성장한 갤러리들이 전시 다변화를 위해 전시 공간을 확장하고 있습니다. 새로운 컬렉터 확보를 위해 신흥 부유층이 많이 출현하고 있거나 예술품 수급이 편리한, 즉 미술 시장이 활성화되고 있는 지역에 갤러리 분점 또는 사무실을 오픈하면서 지역 갤러리에서 글로벌 갤러리로 변화하고 있습니다. 특히 홍콩·서울을 비롯하여 신흥 부유층과 미술품 수요가 많아진 아시아 지역과 미술품 수급이 용이한 파리 쪽으로 메이저 갤러리들의 지점 오픈이 계속되고 있습니다. 해외에 진출한 갤러리들은 진출한 지역의 예술가를 발굴하는 현지화 전략을 펼치면서 다른 한편으로는 기존에 갤러리에 전속되어 있는 예술가들을 그 지역 미술 시장에 소개하고 그 지역의 컬렉터들을 확보하는 데 주력하고 있습니다.

컬렉터 입장에서는 해외 메이저 갤러리 분점이 생기면서 아트페어에 참여하거나 해외를 직접 나가지 않고도 언제든 외국 예술가들의 정보를 제공받을 수 있고, 작품을 구입할 수 있어서 시간과 돈을 절약할 수 있게 됐습니다. 해외에서 작품을 구입해 국내로 반입할 경우에 작품값 외에 운송비, 보험료 등 꽤 많은 부가 비용이 발생하기 때문입니다. 그리고 메이저 갤러리의 전속 작가 중에는 미술관급 예술가들이 많기 때문에 종종 미술관급 작가들의 전시를 현지가 아닌 지역 미술

시장에서 볼 수 있다는 것 또한 컬렉터나 미술 소비자로서는 환영할
만한 일입니다.

## 주요 메가 갤러리의 본점과 분점 상황

가고시안(Gagosian): 뉴욕, 로스앤젤레스, 런던, 파리, 스위스, 그리스, 홍콩

데이비드 즈워너(David Zwirner): 뉴욕, 런던, 파리, 홍콩

레비 고비(Levy Gorvy): 뉴욕, 런던, 홍콩

리만 머핀(Lehmann Maupin): 뉴욕, 홍콩, 서울

리슨(Lisson): 런던, 뉴욕

블룸앤포(Blum & Poe): 로스앤젤레스, 뉴욕, 도쿄

빅토리아 미로(Victoria Miro): 런던, 베네치아

타데우스 로팍(Thaddaeus Ropac): 파리, 잘츠부르크, 런던, 서울

페로텡(Perrotin): 파리, 뉴욕, 도쿄, 서울, 홍콩, 상하이

페이스(Pace): 뉴욕, 팜비치, 로스앤젤레스, 런던, 홍콩, 서울, 제네바

하우저앤워스(Hauser & Wirth): 뉴욕, 로스앤젤레스, 런던, 서머싯, 취리히, 홍콩, 크슈
타트

화이트 큐브(White Cube): 런던, 홍콩, 뉴욕

전 세계적으로 아트페어 수가 기하급수적으로 늘고 있습니다. 국내외를 막론하고 1년 365일 아트페어가 열린다고 해도 과언이 아닐 정도로 매일 크고 작은 아트페어가 열립니다. 그중에서도 각 지역 미술 시장은 지역을 대표하는 아트페어 2~3개 정도는 가지고 있으며, 전 세계 컬렉터들의 취향이 유사해지면서 이 중 일부가 국제 아트페어로 성장하는 경우도 많아졌습니다. 컬렉터들이 세계화되고 대형 경매회사의 미술 시장 점유율이 높아지면서, 상대적으로 지역 내 입지가 좁아진 갤러리들에게는 해외 아트페어 참여가 자구책이 되고 있습니다. 어떤 갤러리는 아트페어 참여로 얻는 수익이 갤러리 전시 판매를 통해 얻는 수익보다 커지자 갤러리 운영보다 아트페어 참여에 주력해 1년 365일 아트페어 참가로 바삐 돌아간다고도 합니다.

국제적인 아트페어로 성장한 한국의 대표적인 아트페어로는 한국국제아트페어KIAF와 아트부산이 있습니다. 그 외에 스위스의 아트바젤, 스페인의 아르코ARCO, 프랑스의 피악FIAC과 파리플러스파Paris+Par, 미국의 아머리쇼Armory Show와 마이애미 아트바젤, 중국의 상하이 아트페어와 웨스트번드 아트페어, 네덜란드의 TEFAF, 영국의 프리즈 아트페어, 홍콩의 아트바젤, 독일의 콜로뉴Cologne 아트페어가 각 지역을 대표하는 아트페어로서 국제적인 주목을 받고 있습니다. 이 중에서도 특히 아트바젤과 프리즈, TEFAF는 주요 미술관에나 소장될 것 같은 수

준급의 작품들이 해마다 출품되고, 전 세계 주요 갤러리들이 참가하고 싶어 하며, 주요 컬렉터들이 가장 많이 방문하는 최고의 국제 아트페어로 성장했습니다.

일류 아트페어에 참여한다는 것만으로도 어느 정도 판매가 보장되고 갤러리의 명성을 인정받을 수 있기에 갤러리들의 경쟁이 아주 치열합니다. 참여하고자 하는 갤러리 수보다 아트페어에 설치된 부스의 수가 턱없이 모자랄 뿐만 아니라 아트페어의 명성을 유지하기 위해 이들 사무국에서는 자체적으로 갤러리의 명성과 역사, 출품 작가들을 엄격하게 심사하여 참여할 갤러리들을 선정합니다. 그런 만큼, 주요 아트페어에 참여하는 갤러리들은 대부분 세계적인 인지도를 가지고 있는 각 지역의 대표 갤러리라고 생각하면 됩니다.

각 지역 내 아트페어가 국제 아트페어로 성장한 경우도 있지만 특정 브랜드의 아트페어가 여러 지역 미술 시장으로 확장 진출하기도 했습니다. 대표적인 아트페어가 아트바젤, 프리즈, TEFAF입니다. 스위스 바젤에서 시작한 아트바젤은 6월에 열리는 스위스 바젤 외에도 3월에 홍콩 바젤, 12월에 마이애미 바젤이 있으며 2022년부터는 파리에서 11월에 파리플러스파 아트바젤을 개최하기 시작했습니다. 2022년 마이애미 바젤은 최고의 매출을 기록했습니다.

영국 런던에서 10월에 시작한 프리즈는 5월 뉴욕, 2월 로스앤젤레스, 9월 서울로 아트페어를 확장했습니다. 네덜란드에서 시작한 TEFAF는 2월 네덜란드 마스트리흐트 외에도 5월과 10월에 뉴욕에서 아트페어를 개최합니다. 3년 전만 해도 아시아에서 열리는 국제 아트페어 중 가장 주목을 받는 것은 3월 홍콩에서 열리는 홍콩 아트바젤이었습니다. 그러나 최근 중국과 홍콩의 정치적 상황 때문에 홍콩에서의 경제 활동이 불안정해지면서 2022년 9월 시작한 프리즈서울과 2023년 1월 시작한 싱가포르의 ART SG가 홍콩 아트바젤을 보완하고 있습니다.

각 지역을 대표하는 국제 아트페어가 열릴 때면 아트페어에 참여하거나 관람하기 위해 전 세계에서 모인 미술계 인사들과 컬렉터들을 위한 다채로운 파티와 특별 전시, 퍼포먼스, 미술 강좌들이 동시에 개최됩니다. 그리고 주변에는 이 아트페어에 참가하지 못한 예술가나 갤러리들이 주축이 된 다양한 위성 아트페어가 열리기도 합니다. 아트페어 기간에 모인 손님들을 대상으로 행사의 시너지 효과를 보려는 지역 정부와 지역 미술 시장, 아트페어 주최 측이 노력한 결과이기도 합니다. 분위기가 이렇다 보니 컬렉터 입장에서도 아트페어는 다양한 작가의 작품을 동시에 만날 수 있고, 짧은 시간에 같은 장소에서 작품 가격, 시장 동향 등 미술 시장에 대한 유용한 정보를 한 번에 얻을 수 있다는 이점이 있습니다. 게다가 환율 변동과 지역마다 작품 거래 시 부과되는 세율의 차이, 면세를 활용한다면 때에 따라서는 원하는 작가의 작품을 지역 갤러리보다 더 합리적인 가격에 해외 아트페어에서 구입할 수도 있습니다.

## 주요 아트페어 일정

- 1월 ART SG, Singapore
- 2월 Frieze Los Angeles
- 2월 ARCO Madrid
- 3월 Art Dubai
- 3월 TEFAF Maastricht
- 3월 Art Basel Hong Kong
- 6월 Art Basel Switzerland
- 7월 Tokyo Gendai, Yokohama
- 9월 Frieze Seoul
- 9월 KIAF
- 9월 Armory Show
- 10월 Frieze London
- 10월 Frieze Masters
- 10월 Paris+Par Art Basel
- 11월 Art Cologne
- 12월 Art Basel Miami Beach

# 한국 미술 시장의 현황

현재 한국 미술 시장은 세계에서 어느 정도 위치를 차지할까요? 국내 미술 시장의 연간 거래총액은 경매, 딜러 거래, 미술품 수입을 포함하여 6,000억에서 1조 원 정도로 추산됩니다. 2021년 세계 미술 시장 총매출은 651억 달러(한화로 약 85조 원)였으니 전 세계 미술 시장 거래총액의 1~2% 정도를 차지한다고 볼 수 있습니다. 그런데 한국 컬렉터의 미술품 구매총액은 훨씬 더 큽니다. 한국 미술 시장에서 이뤄지는 미술품 거래는 한국 컬렉터들이 주도하고 있습니다. 2022년 글로벌 아트페어 프리즈가 서울에 진출하면서 해외 미술품 구매자들이 한국 미술 시장을 방문하기 시작했습니다. 이미 오래전부터 서울옥션·케이옥션에 해외 응찰자 비딩이 가능해졌지만 아직 한국 미술 시장에서 작품을 구매하는 것은 한국 컬렉터들입니다.

그러나 한국 컬렉터의 미술품 구매는 한국 미술 시장에 국한되지 않습니다. 전 세계 미술품 거래총액의 45%를 차지하는 미국 미술 시장에서 미술품 구매자의 3분의 1이 중국, 홍콩, 대만, 싱가포르와 더불어 한국인 컬렉터들이었습니다. 공식적인 발표는 없었지만 2020년 전 세계 미술 시장에서 억만장자의 한국 컬렉터들이 상당수 있을 것으로 짐작됩니다. 아울러 해마다 열리는 홍콩 아트페어와 스위스 아트바젤, 프리즈 런던 아트페어를 방문하는 한국인들의 수, 미국 기반 온라인 플랫폼 아트시의 가장 많은 접속자가 한국인이라는 점을 고려할 때, 연간 글로벌 미술품 거래총액에서 한국인들의 비중은 2%를 훨씬 웃돌 것으로 보입니다. 한국 미술 시장의 거래총액 1~2%에는 한국 컬렉터가 한국 미술 시장이 아닌 해외 미술 시장에서 구입한 작품의 거래 금액은 포함되어 있지 않기 때문입니다.

한국의 미술품 거래총액은 중화권에 이어 아시아에서 2위를 차지하는 것으로 판단됩니다. 이처럼 한국의 미술품 구매력이 확장되면서 한국에 지점을 내는 해외 메이저 갤러리의 수가 빠르게 증가하고 있습니다. 세계적인 경매회사 크리스티에 이어 소더비와 필립스가 한국에 사무실을 열었고, 2022년부터는 글로벌 아트페어 프리즈가 한국에서 개최되기 시작했습니다.

2022년 9월 처음 개최된 프리즈서울은 기대 이상의 성공으로 국내뿐만 아니라 글로벌 미술 시장에서 큰 주목을 받았습니다. 20여 개국 약 110개의 주요 갤러리가 참여한 프리즈서울에는 4일간의 아트페어 기간에 7만여 명이 방문했고, 프리즈 기간에 맞춰 미국 구겐하임미술관, LA카운티 미술관, 뉴욕현대미술관, 영국 테이트미술관의 관장을 비롯하여 해외 미술 관계자와 해외 컬렉터 8,000여 명이 한국을 방문한 것으로 알려졌습니다. 아트페어 주최 측인 프리즈는 정확한 판매총액 집계를 공개하지는 않았지만, 미술 시장 관계자들은 2022년 프리즈서울 매출이 적어도 6,000억 원 이상일 것으로 추정합니다. 앞서 언급했듯이 한국 미술 시장의 연간 거래총액은 2021년까지 경매, 딜러거래, 미술품 수입 포함 연간 약 6,000억에서 1조 원 정도로 추산되는데 거의 4일 동안 한국의 연간 미술품 거래총액만큼의 거래가 이루어졌다는 의미입니다. 확실히 한국 미술 시장은 프리즈서울을 계기로 지역 시장이 아닌 전 세계 미술 시장의 관심을 받게 됐습니다. 그러다 보니 2019년 홍콩 사태와 2020년 팬데믹으로 위축됐던 홍콩 미술 시장을 대신하여 앞으로 한국 미술 시장이 아시아의 허브로 떠오르지 않겠느냐는 기대감도 커지고 있습니다.

그 기대감처럼 한국 미술 시장이 조만간 홍콩 미술 시장을 대신하여 아시아 미술 시장의 허브가 될 수 있을까요?

2010년 이전만 해도 작은 시장이었던 홍콩은 소더비, 크리스티, 필립스 같은 주요 경매회사가 진출하고 홍콩 아트바젤이 개최되기 시작하면서 지난 10년간 아시아 미술 시장의 허브로 빠르게 성장했습니다. 서울도 가능성이 있어 보이는 대목입니다. 그러나 21세기 홍콩 미술 시장의 성장은 대만을 포함한 중국 컬렉터의 성장과 무관하지 않습니다. 홍콩은 지난 한 세기 이상 중국 미술과 고미술품, 골동품 무역의 중심지로 대만을 포함한 중국 본토의 컬렉터들을 상대해왔습니다. 그리고 여전히 중화권 미술 시장은 건재합니다. 2021년 기준 중국 본토·대만·홍콩으로 구성된 중화권 미술 시장은 전 세계 미술품 거래총액의 20%를 점유했습니다. 그리고 코로나 기간에 25개의 신규 경매회사가 문을 열었고, 30개 이상의 공공 및 민간 주도 미술관과 미술관이 개관했습니다. 아울러 2020년 팬데믹으로 전 세계 미술 시장이 위축됐을 때 해외 경매회사 소더비, 크리스티, 필립스의 매출을 주도한 것은 홍콩에서 진행된 경매를 통한 아시아 컬렉터들의 구매력이었습니다. 아울러 홍콩의 보험사, 감정사, 대리점, 법률 및 회계 서비스, 물류 및 미술품 거래 전문 인프라 서비스와 전 세계 공용어인 영어의 광범위한 사용 등 개방적이고 안정적인 다자간 무역 체계, 자유무역지구, 인프라는 여전히 미술품 구매자와 업계 참가자들에게 매력적이며 중요한 부분입니다.

그러므로 서울이 홍콩을 대신해서 아시아 미술 시장의 허브로 떠오를지는 우선 중국 컬렉터들을 비롯하여 아시아 컬렉터들이 홍콩 미술 시장의 매력을 포기하고 한국 미술 시장으로 유입될 수 있을지가 가장 큰 관건입니다. 그다음 단계로는 홍콩과 같은 시장 인프라가 잘 구축될 수 있느냐 하는 것입니다. 지금 당장은 한국 미술 시장이 아시아 미술 시장의 허브로서 홍콩의 역할을 대신하기는 쉽지 않아 보입니다. 그러나 역사가 증명해왔듯이 지역 미술 시장의 강점은 시대에 따라, 부의 이동에 따라, 정부 정책이나 국내외 정세에 따라 변화하기 마련이므로 앞으로 한국 미술 시장이 글로벌 미술 시장에서 어느 정도의 비중을 차지하게 될지는 두고 봐야 하겠습니다.

## 온라인 아트 비즈니스

온라인 미술 시장이 빠르게 성장하고 있습니다. 처음 온라인 아트 비즈니스가 출현하던 1990년대 후반에 온라인 아트 비즈니스는 작품 정보 서비스를 제공하는 온라인 사이트 형태로 나타났습니다. 이 정보 사이트들은 경매 출품작 정보, 전시 행사 정보, 경매회사가 내놓은 추정가와 낙찰가 데이터를 기반으로 한 미술 시장 분석 보고서와 각 작가의 거래 가격 추이 자료를 제공했습니다. 미술 시장에 관심이 있다면 누구나 일정 비용을 지불하고 미술 시장의 정보를 쉽게 얻을 수 있도록 하는 데 목적이 있었습니다.

당시 출현한 대표적인 온라인 예술 정보 사이트가 바로 아트프라이스Artprice, 아트택틱, 아트넷Artnet입니다. 이 사이트들은 시간이 지날수록, 축적되는 정보의 양이 증가할수록 공신력이 커졌습니다. 21세기로 진입하면서 〈아트뉴스Artnews〉, 〈아트포럼Artforum〉 같은 오프라인 미술 전문 잡지사들도 앞다퉈 온라인 매거진을 발간하기 시작했고 〈뉴욕타임스〉, 〈월스트리트저널〉, 〈블룸버그Bloomberg〉, 〈톰슨로이터스Thomson Reuters〉 같은 주요 일간지 또한 온라인에 한 섹션을 두고 미술 시장과 관련한 비중 있는 기사들을 제공하기에 이르렀습니다. 그리고 이어서 〈블루인아트인포Bluinartinfo〉, 〈아트데일리Art Daily〉, 〈아트마켓 모니터Art Market Monitor〉, 〈아트레이더아시아Art Radar Asia〉, 〈아트뉴스페이퍼The Artnewspaper〉 등과 같이 실시간 미술 시장 뉴스를 제공하는 전문 전자신문과 웹 블로그 등이 수없이 출현했습니다.

이후 온라인 아트 비즈니스는 단지 미술품에 대한 정보를 제공하는 데 그치지 않고 온라인을 통해 미술품을 거래하는 온라인 갤러리, 온라인 경매 같은 거래 시스템을 도입함으로써 21세기 미술 시장의 새로운 지평을 열었습니다. 인터넷 문화에 익숙해지고 정보를 얻을 수 있는 경로가 많아지면서 온라인 미술품 거래에 대한 자신감이 커진 미술품 소비자들도 늘어났고요.

2010년 전후로는 전통 경매회사와 갤러리도 온라인 미술품 거래 사이트를 오픈했고, 전 세계적으로 온라인 미술 시장 플랫폼들이 우후죽순 생겨났습니다. 기존에 온라인으로 미술 작품 정보를 제공하던 아트넷과 아트프라이스 같은 사이트들도 기존 갤러리 회원들을 주축으로 온라인 경매와 온라인 갤러리를 론칭했습니다. 그 결과 소더비, 크리스티 같은 메이저 경매회사들에서 온라인 미술 시장의 규모가 급격하게 커졌습니다. 이들이 온라인 경매를 시작한 것은 2010년으로, 현재는 경매 중 28%가 온라인을 통해 이루어질 정도로 큰 비중을 차지할 뿐 아니라 거래 규모가 나날이 커지고 있습니다. 이들 외에도 각 지역의 주요 오프라인 경매회사들이 온라인 경매를 동시에 진행하고 있으며, 이들의 온라인 경매 수익은 애초에 온라인 경매회사로 출발한 곳들보다 대부분 규모가 큽니다.

온라인 미술 시장은 점점 더 미술 시장 종사자가 신규 컬렉터, 해외 컬렉터를 만나고 컬렉터들이 쉽게 작품을 구입할 수 있는 중요한 채널이 되고 있습니다. 특히 코로나19로 오프라인 미술 시장이 모두 폐쇄되면서 온라인 미술 시장을 통한 미술품 구매가 활발하게 이루어져 이 시장의 성장이 가속화됐습니다.

온라인 미술 시장이 비약적으로 발전하게 된 이유가 단순히 인터넷 문화의 확산 때문만은 아닙니다. 기존 오프라인 작품 거래 시스템이 지닌 비유동성, 불투명성, 고가의 거래 비용, 높은 시장 문턱 등의 단점들을 개선할 수 있었기 때문이죠. 예컨대 오프라인 경매회사는 수수료가 12%에서 30%까지 부과되지만, 온라인 경매에서는 6~12% 선이라 거래 유동성을 확보할 수 있었던 겁니다. 온라인 미술 정보 사이트에서 제공하는 미술 시장 데이터의 양이 많아지면서 정확도가 높아지고, 컬렉터들이 실물을 보지 않고 정보만으로도 충분히 좋은 작품을 구입할 수 있다는 자신감을 갖게 된 것도 온라인 아트 비즈니스 성장에 일조했습니다.

게다가 온라인 미술 시장은 미술품을 거래하는 데 시공간의 자유를 부여했습니다. 코로나19 팬데믹이 시작됐을 당시 소더비는 온라인 판매를 개발 전략의 핵심으로 내세운 덕에 온라인 매출이 급등했고, 작품의 50% 이상이 추정가보다 높은 가격에 낙찰됐으며, 입찰자의 35% 정도는 새로운 입찰자였습니다. 팬데믹 이후 온라인 미술 시장을 통한 거래액도 높아졌습니다. 과거에는 500만 원 미만의 저가 작품 거래가 주를 이뤘지만 2005년에 제작된 조지 콘도George Condo의 작품 〈안티오 달 재결합Antiopodal Reunion〉이 추정가의 2배인 130만 달러(한화로 약 16억 원)에 거래되고, 프랜시스 베이컨Francis Bacon의 3부작 작품이 8,450만 달러(한화로 약 1,018억 원)에 거래되는 등 이제는 온라인을 통해서도 100만 달러 이상의 작품이 거래될 수 있다는 것을 보여주었습니다.

아울러 온라인 미술 시장을 통해 좀 더 다양하고 광범위한 작가의 작품들을 볼 수 있고, 거래되는 작품의 가격 범위도 넓어졌기 때문에 중저가 미술 시장이 확대되고 있습니다. 앞으로 품질보증, 가격 추적,

운송, 등록, 암호화, 물류, 고객 관리, 보안, 출처, 상태, 출하 보고서 등에 블록체인 기술이 결합한다면 온라인 미술 시장은 지금보다 훨씬 커질 것으로 전망됩니다.

## 온라인 미술 시장의 유형

온라인 미술품 거래 시스템은 크게 네 가지 유형으로 나눌 수 있습니다. 기존 오프라인 갤러리와 경매 구조가 온라인화된 것으로, 기존 주요 대형 갤러리와 경매회사가 직접 운영하는 온라인 기반 웹사이트를 통해 미술품을 거래하는 것입니다. 둘째는 직접 자체 웹사이트를 운영하기 어려운 기존 차상급 오프라인 갤러리와 경매회사들이 제3자가 운영하는 온라인 플랫폼에 모여 미술품을 거래하는 것입니다. 셋째는 오프라인 기반 없이 온라인 기반으로 새롭게 탄생한 갤러리, 경매 시스템입니다. 그리고 넷째는 크라우드펀딩 플랫폼을 활용한 미술품 거래입니다.

# 최근 미술 시장
# 트렌드

오늘날 미술 시장에서 거래되는 작품의 50% 이상이 현대 미술과 동시대 미술품으로, 이들의 거래 규모와 거래총액 비중이 점점 더 증가하고 있습니다. 현대 미술이란 1910년대 이후 출생한 작가 또는 마르셀 뒤샹의 〈샘〉 이후에 제작된 작품들을 일컫습니다. 그리고 동시대 미술이란 20세기 후반 또는 21세기 들어 제작되고 있는 오늘날의 미술품을 통틀어 지칭합니다.

## 현대 & 동시대 미술품 시장의 확대

현대 미술이 수십 년의 기간을 거치며 검증이 이루어졌다고 하더라도 아직 왕성하게 작업 활동을 하고 있는 젊은 예술가의 동시대 미술품을 구입하는 것은 사실 컬렉터 입장에서 거대한 모험이나 다름없습니다. 과거를 돌이켜보면 당대 미술 시장의 붐을 타고 활발한 거래를 보이며 시장에서 큰 인기를 누렸던 예술가들이 수년, 수십 년이 지나면 잊히곤 했기 때문입니다. 그럼에도 컬렉터의 관심이 동시대 미술품 컬렉션에 쏠리는 이유는 무엇일까요?

동시대 미술품 컬렉션을 선호하는 첫 번째 이유는 고전 명작이나 블루칩 작가의 작품인 경우 미술관이 소장하고 있거나 작품을 현금화할 생각이 없는 소장가의 수중에 들어가 있는 경우가 많기 때문입니다. 또 구입할 수 있는 예산을 초과하는 경우가 많은 데다 위작 논란의 위험이 있기 때문이기도 합니다. 두 번째는 같은 세대의 작가들이 제작한 미술품들이라 자신들의 코드나 취향과 맞기도 하고, 아직 저평가되어 있어 앞으로 가격 상승의 폭이 클 수 있다는 기대심리가 있기 때문이기도 합니다.

동시대 미술품 컬렉팅은 투자 관점에서는 리스크가 크지만 성공할 경우 단기간에도 큰 수익을 거둘 수 있습니다. 예를 들어 지금은 휘트니미술관에 소장되어 있는 재스퍼 존스Jasper Johns의 대표작 중 하나인 〈스리 플래그스Three Flags〉는 1958년 레오 카스텔리로부터 900달러(한화로 약 100만 원)에 구입했다가 1980년 휘트니미술관에 1만 달러에 판매한 작품입니다. 재스퍼 존스 외에도 오늘날 로버트 고버Robert Gober, 제프 쿤스, 캐디 놀랜드Cady Noland, 리처드 프린스Richard Prince, 신디 셔먼, 크리스토퍼 울Christopher Wool 같은 작가의 작품을 구입하려면 최소 수십 달러에서 수백만 달러가 필요하지만 1980년대에는 1만 달러(한화로 약 1,200만 원) 아래에서 거래됐었죠. 앞으로도 동시대 미술 시장은 다른 시기 미술보다 거래 규모가 커질 것입니다.

## 시기 섹터별 경매 시장 분포(2022년 기준)

(출처: 아트마켓 리포트)

|  | 거래총액 | 거래량 |
| --- | --- | --- |
| 전후 및 동시대 미술 | 55% | 56% |
| 현대 | 22% | 25% |
| 인상주의 및 후기인상주의 | 15% | 12% |
| 유럽 올드마스터 | 4% | 5% |
| 유럽 외 올드마스터 | 4% | 2% |

## 2022 상반기 경매 시장 Top 50 예술가

(출처: 아트프라이스닷컴)

1  장미셸 바스키아Jean Michel Basquait

2  뱅크시Banksy

3  나라 요시토모Nara Yoshitomo

4  조지 콘도George Condo

5  세실리 브라운Cecily Brown

6  크리스토퍼 울Christopher Wool

7  제프 쿤스Jeff Koons

8  아드리안 게니Adrian Genie

9  피터 도이그Peter Doig

10  쩡판즈Zeng Fanzhi

11  데미언 허스트Damien Hirst

12  매튜 웡Matthew Wong

13  샤라 휴스Shara Hughes

## 블랙 르네상스: 서구권 아프리카계 예술가들의 전성기

최근 들어 정체성, 인종, 정치, 문화, 평등, 인권, 역사 등을 주제로 작업하는 아프리카 현대 예술가들이 크게 주목받고 있습니다. 물론 장미셸 바스키아는 1980년대 중반에도 이미 연간 140만 달러를 벌어들이는 아트 스타였습니다. 하지만 그를 비롯하여 몇몇을 제외하면 대다수 아프리카 현대 예술가는 백인 중심, 남성우월주의, 식민주의적 사고방식으로 움직이던 미술 시장에서 비주류, 아웃사이더, 원시 예술가로 간주되며 컬렉터들의 관심을 받지 못했습니다. 그런 아프리카 근현대 예술가들의 작품 거래가 2015년 베네치아 비엔날레를 기점으로 런던, 파리, 뉴욕 미술 시장에서 현저하게 증가했습니다.

2018년 미술 시장에서 가장 큰 화제는 아프리카계 미국 예술가 시장의 폭발적인 성장이었습니다. 그리고 2020년 여름에는 '흑인의 목숨도 소중하다Black Lives Matter' 운동이 미술 시장에서도 흑인 예술가들에 대한 관심과 강력한 수요를 촉발해 작품가가 급등했고, 아프리카 예술가들이 미술 시장의 주인공으로 떠올랐습니다. 미술계에서는 이미 오래전부터 아프리카 미술가들이 연구되고 있었고, 20년 전에도 소더비·본햄스 같은 경매회사들이 아프리카 예술가들의 작품을 선별해 시장에 소개하고 있었습니다. 하지만 당시만 해도 2002년 베네치아 비엔날레에서 황금사자상을 받은 맬릭 시디베Malick Sidibe를 제외하고 아프리카 근현대 미술은 컬렉터들에게 큰 관심을 받지 못했습니다. 그러다가 2010년대 초반부터 가고시안, 데이비드 즈워너 같은 메이저 갤러리들이 아프리카 예술가들을 전속 작가로 영입해 프로모션하면서 케리 제임스 마셜Kerry James Marshall, 은지데카 아쿠닐리 크로스비Njideka Akunyili Crosby 같은 예술가의 작품가가 급격하게 튀어 오르기 시작했습니다. 또한 1:54 아트페어를 비롯하여 아프리카 미술을 주제로 한 박람회와 미술관 전시회가 확산되면서 아프리카 미술에 대한 아카이빙과 출판물들이 쏟아져 나왔고, 아프리카 미술에 대한 시장의 인식도 점차 변화했습니다.

나이지리아 출신 큐레이터 오쿠이 엔위저Okwui Enwezor가 총감독을

맡은 2015년 베네치아 비엔날레에는 서른다섯 명 이상의 흑인 예술가가 초대됐고, 이 중 엘 아나추이El Anatsui가 베네치아 비엔날레 황금사자상을 받았습니다. 2017년 베네치아 비엔날레에서는 가나 전시관을 통해 이브라힘 마하마Ibrahim Mahama, 리넷 이아돔 보아케Lynette Yiadom Boakye, 존 아캄프라John Akomfrah 등 아프리카 54개국 중 7개국의 대표 예술가 작품이 소개되고 은지데카가 미국관을 대표하여 소개되면서 미술 시장에서 엘 아나추이, 은지데카를 비롯하여 아프리카 근현대 예술가들의 거래량이 크게 증가했습니다. 이와 함께 아프리카 몇몇 예술가의 작품가 또한 크게 상승했죠. 1만 점 이상의 방대한 아프리카 미술품을 컬렉션하고 있는 장 피고치Jean Pigozzi가 그중 45점을 뉴욕현대미술관에 기증하고, 영화배우와 팝스타, 버락 오바마Barack Obama 같은 정치인들이 아프리카 미술 컬렉션을 홍보한 것도 흑인 예술가들의 인지도를 높이는 데 크게 기여했습니다.

2017년부터 미술 시장에서 아프리카 미술은 비약적으로 성장했습니다. 특히 20년 전부터 아프리카 미술을 시장에 소개해온 소더비의 아프리카 미술 판매 매출은 10배로 증가했습니다. 2014년부터 2016년 사이 소더비 파리와 런던 경매장에서 거래된 아프리카 미술품 총액은 760만 달러(한화로 약 100억 원)에 불과했지만, 2017년부터 2019년 사이 거래총액은 2,790만 달러(한화로 약 362억 원)로 급격하게 증가했습니다. 근현대 아프리카 미술품의 경매 회전율이 이전에 비해 거의 4배로 증가했으며, 경매장에서는 기록이 끊임없이 경신됐습니다. 1999년 소더비의 장 피고치 세일에서 1만 4,500달러(한화로 약 1,900만 원)에 팔렸던 체리 삼바Chéri Samba의 작품은 2017년 5월 소더비 런던 경매에서 6만 8,000달러(한화로 약 8,800만 원)에 재판매됐습니다.

　프랑스 경매 시장은 아프리카 미술 시장이 성장하는 데 든든한 발판이 됐습니다. 뉴욕이 아프리카계 미국인 예술가 작품의 급격한 가치 상승에 기여했다면, 파리와 런던은 아프리카 대륙의 현대 미술에 초점을 맞추고 파리와 런던 미술 시장에 아프리카 본토 예술가들을 소개하는 데뷔 무대 역할을 했습니다. 아프리카 미술에 대한 관심이 확산되면서 메이저 갤러리들이 더 적극적으로 아프리카 예술가들을 영입했고, 이에 미술 시장에서 아프리카 미술의 상승세가 더욱더 가속화됐습니다.

　2013년 케리 제임스 마셜을 영입했던 데이비드 즈워너는 2018년 은지데카 아쿠닐리 크로스비를, 2020년 노아 데이비스Noah Davis를 영입했습니다. 하우저앤워스Hauser & Wirth는 미셸 오바마Michelle Obama의 초상화를 그린 에이미 셰럴드Amy Sherald와 2018년 전속 계약을 맺었고 2018년 홍콩 갤러리 개관식에서 에이미 셰럴드, 로나 심슨Lorna Simpson, 마크 브래드퍼드Mark Bradford 등 아프리카 디아스포라 출신 아티스트 열두 명을 소개했습니다. 2020년에는 아티스트 헨리 테일러Henry Taylor와, 2022년에는 베네치아 비엔날레 황금사자상을 수상한 시몬 리Simone Leigh와 전속 계약을 맺었습니다. 2019년 가고시안은 이미 알마인 레흐Almine Rech와 전속으로 있는 아프리카계 미국인 아티스트 너새니얼 메리 퀸Nathaniel Mary Quinn 전시를 열어 시장의 관심을 끌어모았습니다. 메가 갤러리의 주목과 프로모션을 받은 아프리카 현대 예술가들을 중심으로 아프리카계 예술가들의 갤러리가와 경매가는 놀라운 속도로 치솟았습니다.

에이미 셰럴드는 하우저앤워스와 갤러리 계약을 맺은 후 2차 시장에서 가격이 크게 상승했고, 2013년 데이비드 즈워너와 계약한 케리 제임스 마셜은 2018년 캔버스 작품 〈지나간 시간들Pase Times〉을 2,110만 달러(한화로 약 274억 원)에 판매함으로써 오늘날 살아 있는 흑인 작가 중 가장 비싼 작품의 주인공으로 등극했습니다. 2019년 가고시안 베벌리힐스에서 개인전을 시작한 메리 퀸의 작품 〈오버 욘더Over Yonder〉(2015)가 한 달 후 처음 필립스 경매에 등장했는데, 추정치보다 3.5배 높은 26만 1,400달러(한화로 약 3억 4,000만 원)에 낙찰됐습니다. 은지데카 또한 2018년 데이비드 즈워너에 합류한 이후 시장 가격이 크게 상승했습니다.

시장에서 처음 주목한 것은 아프리카계 미국인, 아프리카계 유럽인들이었습니다. 그런데 미술 시장에서 아프리카 미술에 대한 구매자들의 매수 신호가 강력해지면서 가격이 급격하게 오르고 수요가 공급을 따라가지 못하자, 최근 2~3년 사이에는 저평가된 아프리카 대륙에 실제 살고 있는 30~40대 아프리카 현대 예술가들에게까지 관심이 확장됐습니다.

아모아코 보아포Amoako Boafo, 오티스 콰메 켸 퀘이코Otis Kwame Kye Quaicoe, 차발랄라 셀프Tschabalala Self, 아부디아Aboudia 등이 대표적입니다.

경매회사들도 젊은 흑인 예술가들과 중견 흑인 예술가들의 작품을 2차 시장에 소개하는 데 적극적으로 동참하여 아프리카 미술품 거래 규모와 시장가를 증폭시켰고, 그 결과 일부 예술가의 작품은 경매 추정가의 10배 이상에 낙찰되기도 했습니다. 그러나 미술 시장 호황기에 아프리카 본토 젊은 흑인 예술가들까지 주목한 미술 시장의 열기는 일정 부분 과열로 보이며, 미술 시장이 위축되면 어느 정도 선별 과정을 거쳐 일부만 살아남을 것으로 보입니다.

---

**대표적인 흑인 예술가**

너새니얼 메리 퀸(Nathaniel Mary Quinn, 1977~)
노아 데이비스(Noah Davis, 1983~2015)
래실드 존슨(Rashid Johnson, 1977~)
리넷 이아돔 보아케(Lynette Yiadom Boakye, 1977~)
마크 브래드퍼드(Mark Bradford, 1961-)
샘 길리엄(Sam Gilliam, 1933~)
스탠리 휘트니(Stanley Whitney, 1946~)
시몬 리(Simone Leigh, 1967~)
아모아코 보아포(Amoako Boafo, 1984~)
아부디아(Aboudia Abdoulaye Diarrassouba, 1983~)
알렉스 가드너(Alex Gardner, 1987~)
애덤 펜들턴(Adam Pendleton, 1984~)
에드워드 클라크(Edward Clark, 1926-2019)
에이미 셰럴드(Amy Sherald, 1973~)
엘 아나추이(El Anatsui, 1944~)

오스카 무리요(Oscar Murillo, 1986~)

오티스 콰메 케 퀘이코(Otis Kwame Kye Quaicoe, 1988~)

은지데카 아쿠닐리 크로스비(Njideka Akunyili Crosby, 1983~)

자데 파도주티미(Jadé Fadojutimi, 1993~)

장미셸 바스키아(Jean-Michel Basquiat, 1960년 ~ 1988년)

제니퍼 패커(Jennifer Packer, 1984~)

조던 캐스틸(Jordan Casteel, 1989~)

줄리 메레투(Julie Mehretu, 1970~)

차발랄라 셀프(Tschabalala Self, 1990~)

카라 워커(Kara Elizabeth Walker, 1969~)

커드저나이 바이얼릿 화미(Kudzanai Violet Hwami, 1993~)

케리 제임스 마셜(Kerry James Marshall, 1955~)

케힌데 와일리(Kehinde Wiley, 1977~)

헨리 테일러(Henry Taylor, 1958~)

## 20세기 여성 예술가들의 재조명과
## 20~30대 이머징 여성 예술가들의 약진

미술계와 미술 시장에서 저평가되어 온 20세기 여성 예술가들의 가치
가 재조명되고, 시장에 들어온 지 얼마 되지 않은 20~30대 젊은 여성
예술가들이 빠르게 스타 작가로 떠오르고 있습니다.

　백인, 남성 예술가 중심으로 움직이던 미술계와 미술 시장에서 여

성 예술가의 불평등에 대한 이슈가 페미니스트 운동을 넘어 광범위하게 공론화된 것은 2015년부터입니다. 2015년 큐레이터 마우라 라일리Maura Relilly는 마이애미 기반의 영향력 있는 컬렉터 메라 루벨Mera Rubell과 돈 루벨Don Rubell의 지원을 받아 은지데카 아쿠닐리 크로스비, 왕게치 무투Wangechi Mutu, 수 윌리엄스Sue Williams, 카라 워커Kara Walker, 세실리 브라운Cecily Brown, 쿠사마 야요이, 마를렌 뒤마Marlene Dumas, 캐디 놀랜드, 타카노 아야Takano Aya, 신디 셔먼, 다나 슈츠Dana Schutz 등 100여 명의 여성 예술가가 참여하는 'No Man's Land'라는 주제의 그룹전을 개최했습니다. 이 전시를 추진하면서 수행한 예술계의 여성 차별 사례를 구체화된 수치로 확인시켜주는 마우라 라일리의 연구는 전례 없는 힘으로 예술계의 여성 차별에 대해 인식을 공론화하는 계기를 제공했습니다.

라일리의 보고서에 따르면 2007년부터 2014년까지 뉴욕 휘트니에서 개최된 단독 전시회의 29%가 여성 예술가들이 주인공이었고, 런던 테이트모던에서는 25%, 뉴욕현대미술관에서는 20%, 파리 퐁피두센터에서는 16%만이 여성 예술가였습니다. 심지어 뉴욕의 구겐하임은 여성 예술가들의 쇼가 2014년에 14%를 기록한 반면, 2000년에는 0%였습니다. 작업을 하는 예술가들의 비율은 남성과 여성 간에 큰 차이가 없고 예술 교육 역시 비슷하게 받았음에도, 여성이 예술가로서 미술 시장과 미술계에서 성공적인 경력을 이끌어갈 가능성이 작다는 것을 분명하게 보여주는 자료였습니다. 라일리의 연구가 출판됐을 때, 살아 있는 여성 예술가의 최고 경매 가격은 710만 달러였고, 살아 있는 남성 예술가의 최고 경매 가격은 제프 쿤스의 오렌지색 〈풍선개〉 5,840만 달러로, 5,000만 달러 이상 차이가 났습니다.

이후 미술계와 미술 시장에서 여성 예술가의 위치가 훨씬 더 공개적이고 의도적으로 논의됐고 박물관, 큐레이터, 비평가들, 그리고 경매회사들이 여성에게 더 많은 관심을 기울이면서 컬렉터들도 여성 예술가의 작품에 관심을 두기 시작했습니다. 아직도 여전히 남성 블루칩 작가의 작품가에 비해 여성 블루칩 예술가들의 시장 작품가가 낮으며, 여성 예술가들의 거래총액과 거래액이 남성 예술가의 20%에도 못 미칩니다. 하지만 이전에 비하면 가격 상승세가 뚜렷해졌고, 20~40대 젊은 여성 예술가 중 빠르게 스타로 떠오르는 이들이 많아졌습니다. 앞으로도 미술 시장에서는 줄곧 남성에 비해 저평가돼온 여성 예술가들에 대한 관심이 지속될 것으로 보입니다.

---

**대표적인 여성 작가**

바바라 크루거(Barbara Kruger, 1945~)

브리지 라일리(Bridget Riley, 1931~)

대니엘 오처드(Danielle Orchard, 1985~)

다나 슈츠(Dana Shutz, 1976~)

로렌 퀸(Lauren Quin, 1992~)

로이 홀로웰(Loie Hollowell, 1983~)

루이스 부르주아(Louise Bourgeois, 1911~2010)

레이첼 존스(Rachel Jones, 1991~)

루시 불(Lucy Bull, 1990~)

마를렌 뒤마(Marlene Dumas, 1953~)

마리아 베리오(Maria Berrio, 1982~)

샤라 휴스(Shara Hughes, 1981~)

세실리 브라운(Cecily Brown, 1969~)

신디 셔먼(Cindy Sherman, 1954~)

아그네스 마틴(Agnes Bernice Martin RCA, 1912~2004)

아야코 로카쿠(Ayako Rokkaku, 1982~)

안나 웨이언트(Anna Weyant, 1995~)

앨리스 닐(Alice Neel, 1900~1984)

이시 우드(Issy Wood, 1993~)

에밀리 매 스미스(Emily Mae Smith, 1979~)

에이버리 싱어(Avery Singer, 1987~)

에이미 실만(Amy Silman, 1955~)

엘리자베스 페이튼(Elizabeth Peyton, 1965~)

제니 샤빌(Jenny Saville, 1970~)

조앤 미첼(Joan Mitchell, 1925~1992)

조지아 오키프(Georgia O'Keeffe, 1887~1986)

줄리 커티스(Julie Curtiss, 1982~)

캐럴라인 워커(Caroline Walker, 1982~)

쿠사마 야요이(Kusama Yayoi, 1929~)

크리스티나 퀼스(Chistina Quarles, 1985~)

플로라 유크노비치(Flora Yukhnovich, 1990~)

헬렌 프랑켄탈러(Helen Frankenthaler, 1928~)

힐러리 페시스(Hilary Pecis, 1979~)

## 스트리트 아트: 아웃사이더에서 인사이더로

일부 스트리트 아티스트의 작업이 국제적인 관심을 얻으며 제도권으로 편입되면서 1980년대 대표적인 낙서화가 장미셸 바스키아, 키스 해링Keith Haring과 더불어 미술 시장에서 주목받고 있습니다. 대표적인 작가로는 뱅크시Banksy, 카우스, 인베이더Invader, 레트나RETNA, 스틱Stik, 셰퍼드 페어리Shepard Fairey, JR, OSGMEOS(쌍둥이거리 예술가) 등이 있습니다. 스트리트 아트는 주변 건물, 거리, 기차, 기타 공공장소에 전시되는 예술 작품의 한 형태로 장미셸 바스키아, 키스 해링 같은 아트 스타를 배출한 1980년대 낙서화의 계보를 잇고 있습니다. 다만 당시 낙서화보다 공공적이고 예술적이며 상업적인 특징을 보입니다.

과거 낙서화나 벽화는 조직폭력 및 갱 관련 활동의 영토 표시 또는 지표의 수단으로 이용되고, 사회에 대한 불만이나 저항의 표현으로 인식됐습니다. 게다가 당국이나 건물 소유자의 허가 없이 불법으로 그려진 낙서화와 벽화는 공공 및 사유재산을 파손하고, 도시의 경관을 해치는 골치 아픈 반달리즘, 환경오염의 주범으로 지목됐죠. 그러나 오늘날에는 낙서화와 벽화에 대한 인식이 많이 달라졌습니다. 일부 예술가는 '스마트 반달리즘'을 사회적·정치적 문제에 대한 인식을 높이는 방법으로 사용하고 있으며, 또 다른 예술가들은 도시 공간을 개인적인 예술 작품을 전시하고 훨씬 더 많은 관객에게 접근할 전략적인 기회로 사용하고 있습니다.

많은 예술 전문가가 낙서화와 벽화의 가치를 제도권 안 공공미술 관점에서 재조명하고 있으며, 낙서화와 벽화 자체가 갖는 미적 아름다움에도 관심을 갖기 시작했습니다. 정치사회 학자들은 낙서화와 벽화가 갈등의 시기에 사회적·민족적·인종적으로 분리된 공동체 구성원들에게 소통과 자기표현 및 대화의 수단이 되고, 분열을 해결하고 화합하는 데 효과적인 도구가 되어왔음을 입증했습니다. 당국과 도시 개발업자들은 낙서화와 벽화가 지역경제에 가져온 긍정적 영향력을 인식하면서 일부 낙서화와 벽화 작업을 합법화하고 관광, 도시 개발, 도시 브랜딩과 연계하여 벽화 작업을 계획적으로 추진하고 있습니다. 상업적인 영역에서도 낙서화와 벽화가 대중을 타깃으로 한 기업의 마케팅, 정치 광고, 프로모션, 캠페인의 효율적인 도구가 될 수 있다는 인식이 확신되면서 낙서화가들과 활발한 협업 프로젝트를 진행하기도 합니다. 낙서화가들 또한 자신의 메시지를 전달하는 데 상업적인 영역과의 협업을 중시하게 됐고, 이런 부분은 스트리트 아트와 네오팝 아티스트들이 가지는 공통점이기도 합니다.

이와 같이 낙서화와 벽화가 거리 예술로 승격되고 대중문화 속으로 자연스럽게 침투하면서 낙서화가들의 위상 또한 높아졌습니다. 앞서 언급한 뱅크시, 카우스, 인베이더, 레트나, 스틱, 셰퍼드 페어리, JR, OSGMEOS 등은 전 세계적으로 팬덤을 형성하고 전통 미술 시장에 편입돼 스타 작가로 떠올랐습니다. 바야흐로 21세기 미술 시장의 한 장면을 써 내려갈 작가군이 등장한 것입니다.

**대표적인 거리 예술가들**

OSGMEOS(1987~)

레트나(RETNA, 1979~)

배리 맥기(Barry McGee, 1966~)

뱅크시(Banksy, 1974~)

셰퍼드 페어리(Shepard Fairey, 1970~)

스틱(Stik, 1979~)

인베이더(Invader, 1969~)

제이알(JR, 1983~)

키스 해링(Keith Allen Haring, 1958~1990)


## 네오팝 라이프 전성시대: 패션 브랜드가 된 예술가들

일본 네오팝 작가들은 옛날 대중문화를 상기시키고, 화사한 색깔과 유치하고 귀여우며 풍자적인 캐릭터 형태를 특징으로 하는 팝 스타일의 작업과 오타쿠 하위문화와 애니메이션, 만화, 일러스트레이션을 연상케 하는데요. 이들은 아시아 미술 시장 중심으로 큰 관심을 받았습니다.

이들 대다수 작가의 작업은 하이엔드 문화와 대중문화, 제도권 미술과 비제도권 미술의 경계를 허물고, 모호하고 풍자적이며 이해하기 쉽고 가벼운 키치적 성격을 특징으로 합니다. 작업의 결과물도 부유한 컬렉터를 위한 캔버스 작품이나 대형 조각부터 대중적인 예술 소비자들의 욕구에 부응하는 판화, 포스터, 아트토이, 애니메이션, 아트 상품, 패션 디자인, 디스크 재킷, 패션 기업과의 콜라보 등에 이르기까지 다양합니다. 100억 원을 호가하는 가장 비싼 작품에서 수십만 원짜리의 예술 상품까지 예술과 대중 상업미술 사이의 경계를 넘나들며 모든 계층의 구매자를 충족시키고 있어 여타 미술보다 매우 상업적이며, 민주주의적인 예술을 하는 작가군으로 분류되기도 합니다. 대표적인 작가로 제프 쿤스, 나라 요시토모Nara Yoshitomo, 아야코 로카쿠Ayako Rokkaku, 무라카미 다카시와 그가 프로모션하는 카이카이키키Kaikai Kiki 갤러리 소속 일련의 작가들, 미스터Mr, 리우 예Liu Ye, 하비에르 카에야Javier Calleja, 에드가 플랜스Edgar Plans, 카우스, 줄리안 오피Julian Opie 등이 있습니다.

이 중 제프 쿤스는 네오팝아트의 선두 주자 중 하나로 지난 30년 동안 하이엔드 미술 시장에서 가장 크게 주목받아온 작가입니다. 일부 파워 컬렉터는 그의 작품을 집중 컬렉션하기도 했는데, 미국 LA의 부동산업자 엘리 브로드는 그의 대표 작품을 24점 정도 소장했었고, 그리스 사업가 다키스 조안누는 제프 쿤스가 새로운 시리즈를 선보일 때마다 구입하고 있습니다. 제프 쿤스는 지난 20년 동안 미술 시장에서 생존 작가 중 가장 비싼 가격에 작품을 거래한 기록을 여러 차례 보유한 작가이기도 합니다. 지금도 그는 생존 작가 중 가장 비싼 작가라는 타이틀을 유지하고 있습니다. 미국의 출판 재벌 S. I. 뉴하우스가 1992

년 100만 달러에 사들여 2017년 사망할 때까지 소장했던 제프 쿤스의 〈토끼〉(1986년 작)가 2019년 크리스티 뉴욕에서 약 1,085억 원에 거래되며 생존 작가 중 가장 비싼 작가로 등극한 이후 아직 그 기록을 깬 작가는 없습니다. 1979년부터 메리분 갤러리Mary Boone Gallery, 소나벤드 갤러리, 막스 헤츨러Max Hetzler, 가고시안 갤러리 등 메이저 갤러리, 주요 딜러들의 프로모션을 받아왔던 제프 쿤스는 2021년부터 페이스 갤러리의 전속 작가로 활동하고 있습니다.

---

**2000년 이후 제프 쿤스 작품 미술 시장 기록**  (출처: 아트프라이스닷컴)

1988년 작 <욕조 안의 여자Woman in Tub>: 2000년, 170만 달러 낙찰

2007년 작 <매달린 마음Hanging Heart>: 2007년, 2,350만 달러 낙찰

1995/2000년 작 <풍선꽃Ballon Flower>: 2008년, 2,580만 달러 낙찰

1995/2004년 작 <튤립Tulips>: 2012년, 3,370만 달러 낙찰

1994/2000년 작 <풍선개Balloon Dog>: 2013년, 약 5,800만 달러 낙찰

1986년 작 <토끼Rabbit>: 2019년, 9,100만 달러 낙찰

---

나라 요시토모는 지난 20년 동안 작품가가 평균 약 10배 상승했습니다. 특히 2019년부터 2020년 사이 그의 대형 캔버스 작품들이 추정가 대비 높은 가격에 낙찰됐습니다. 록 음악, 어린이 우화, 일본 만화의 영향을 받은 나라 요시토모의 작품은 단순한 선과 파스텔 색조, 연약해 보이지만 섬뜩함을 지닌 아이들을 특징으로 합니다. 1980년대 무

라카미 다카시와 함께 일본 네오팝 운동의 선두에 섰던 인물이기도 하죠. 그의 작품 〈나이프 비하인드 백Knife Behind Back〉(2000)이 2019년 10월 소더비 홍콩 경매에서 여섯 명의 전화 입찰자가 10분간의 비딩을 한 끝에 2,500만 달러(한화로 약 325억 원)에 낙찰되면서 2023년 1월 현재까지 살아 있는 일본 작가 중 가장 비싼 작가라는 기록을 유지하고 있습니다.

나라 요시토모는 카우스와 더불어 2010년대 후반 미술 시장에서 수요가 많은 네오팝 작가 중 단연 선두의 지위를 차지하고 있습니다. 하이엔드 시장을 타깃으로 한 캔버스와 대형 조각 작품 외에도 판화, 종이 작품, 골판지, 설치, 조각, 피겨, 포스터, 아트 상품 등 100달러 이하부터 2,500만 달러에 이르기까지 다양한 가격대와 다양한 범주의 작업을 함으로써 예술 소비자들의 수요를 충족시켜왔습니다. 서양 컬렉터들은 그의 2011년 이후 작품을 선호하는 반면, 아시아 컬렉터들은 우키요에 시대의 영향을 받은 2011년 이전 작품을 더 선호하는 지역적 특색이 나타나기도 합니다.

나라 요시토모는 2021년 하반기 로스앤젤레스 카운티 미술관에서 지난 36년 동안의 작업 활동을 소개하는 대형 회고전을 개최했습니다. 2023년 1월 현재 뉴욕의 마리안느 보에스키Marianne Boesky 갤러리와 페이스 갤러리, 로스앤젤레스의 블룸앤포Blum & Poe의 프로모션을 받고 있습니다.

## 2003~2021년 나라 요시토모의 경매 시장 규모

(출처: 아트넷)

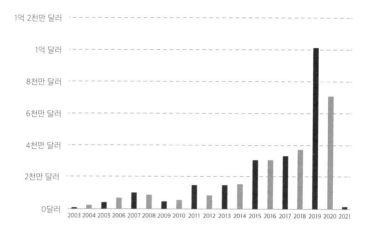

일반적으로 다양한 장르, 다양한 가격 스펙트럼의 작업을 시장에 선보이는 네오팝 스타일의 작가들은 하이엔드 미술 시장과 대중 미술 시장의 불분명한 방향성 때문에 종종 중심을 잃어버리기도 합니다.

무라카미 다카시는 2000년대 초반부터 글로벌 미술 시장에서 큰 관심을 받아온 작가입니다. 하위문화로 여겨지는 요소들을 재포장하여 하이엔드 시장에 소개하고 하이엔드 시장에 소개된 작품의 이미지를 아트 상품이나 패션 제품으로 재포장하여 저렴한 가격에 대중 예술 소비자에게 판매하는 것에 큰 장점을 지니고 있습니다. 자신이 설립한 카이카이키키 주식회사와 카이카이키키 갤러리를 통해 동시대 예술가들을 프로모션하고 다양한 기업, 다양한 창작자와 콜라보하며 예술의 상업적 브랜드화에 열중하고 있습니다.

그 결과 작가의 시장 가치와 규모는 꾸준히 상승해왔지만, 2008년 소더비에서 1,520만 달러(한화로 약 198억 원)에 거래된 〈마이 론섬 카우보이My Lonesome Cowboy〉(1998) 이후 하이엔드 미술 시장에서 그의 새로운 최고가 기록이 주춤해졌고 치열한 비딩도 줄었습니다. 최근 미술 시장에서는 무라카미 다카시의 고가 작품보다 200만~300만 원짜리 에디션 작업과 아트 상품이 광범위하게 거래되고 있습니다.

스트리트 아티스트의 행보와 팝아티스트의 특징을 동시에 지니고 있는 카우스도 2010년대 하이엔드 미술 시장의 한 장면을 장식한 주인 공이었습니다. 처음 일러스트레이터로 시작한 카우스의 작품들은 미키마우스, 세서미 스트리트, 심슨 가족 같은 만화 속 상징적인 인물들을 독특한 그래픽으로 단순화하고 손, 코, 눈, 귀에 X"를 반복적으로 그려 넣은 것이 특징입니다. 15달러짜리 피겨부터 240만 달러에 달하는 조각과 캔버스에 이르기까지 다양한 가격대의 작업을 해오면서 특히 아시아 컬렉터들에게 절대적 지지를 받았습니다.

그러나 2018년만 해도 경매 작품의 90%가 낙찰됐으나 2019년 87%, 2020년 76%, 2021년 70% 이하로 낙찰률이 떨어졌습니다. 거래 규모도 2019년 1억 780만 달러에서 2021년 3,230만 달러로 급감했습니다. 2019년 4월 1일 홍콩 소더비에서 카우스의 그림 〈더 카우스 앨범The Kaws Album〉(2005년)이 약 1,470만 달러(한화로 약 192억 원)에 낙찰돼 당시 이 작가의 경매 신기록을 세웠지만, 지금 시장에서 거래되는 그의 작품 중 80%가 1만 달러(한화로 약 1,200만 원) 미만입니다.

독점성과 희귀성을 찬양하는 하이엔드 미술 시장에서는 컬렉터의 관심이 이전만 못하지만 카우스의 한정판 피겨를 모으는 대중 예술 소비자들은 앞으로도 그의 피겨가 출시될 때마다 경쟁적으로 컬렉션할 가능성이 큽니다. 앞으로도 미술 시장에서는 젊은 세대 컬렉터의 취향을 저격하는 네오팝 스타일의 새로운 아트 스타들이 출현하여 큰 인기를 얻을 것으로 보입니다. 일부는 시장에서 독보적인 자리를 차지하고, 일부는 특정 소비자를 타깃으로 한 예술 소비 시장에 안착할 것으로 전망합니다.

## 예술가들의 미술 시장 등용문, 소셜 미디어

소셜 미디어 중 인스타그램은 예술가들에게 새로운 미술 시장의 등용문이 되고 있습니다.

지난 몇 년 동안 미술 시장에서 급격한 입지 변화를 겪은 대표적인 블랙 예술가 아모아코 보아포를 발굴한 것은 오바마 미국 전 대통령의 초상화를 그린 미국 초상화가 케힌데 와일리Kehinde Wiley입니다. 보아포는 에곤 실레Egon Schiele를 연상케 하는 초상화 작업을 선보이는 작가죠. 와일리는 2018년 인스타그램에서 우연히 보아포의 인스타그램을 보고 매우 감동했습니다. 아프리카 출신 젊은 예술가들의 오랜 후원자였던 그는 보아포의 작품을 구입하는 방법을 알아보는 동시에 자신이 함께 일하는 4개의 갤러리, 즉 런던의 스티븐 프리드먼Stephen Friedman, 파리의 템플론Galerie Templon, 뉴욕의 션 켈리Sean Kelly, 로스앤젤레스의 로버츠 프로젝트Roberts Projects에 이메일을 보내 보아포의 작업을 소개했습니다.

와일리의 메일을 받은 로스앤젤레스의 로버츠 프로젝트가 보아포에게 전시회를 제안했고, 〈아이 씨 미I see me〉라는 보아포의 개인전은 전시 오픈 둘째 날 매진되며 세계 주요 컬렉터들의 주목을 받았습니다. 인스타그램을 통해 100달러에 팔던 그의 작품은 로버츠 프로젝트에서의 첫 개인전에서 한 점당 1만 달러로 책정됐습니다. 이후 수요가 증가하면서 2020년 2월 런던 필립스에 출품돼 4만 달러에서 6만 5,000달러로 추정된 그의 작품 〈레몬 수영복the lemon bathing suit〉(2019)이 약 88만 달러에 낙찰되기에 이르렀습니다.

아일랜드 출신 미술가 제니브 피기스Genieve Figgis가 시장의 주목을 받게 된 것 또한 소셜 미디어를 통해서입니다. 18세기 로코코 양식을 연상시키는 고전적이면서도 현대적이며 형상화와 추상화 사이의 작업을 선보이는 작가죠. 그는 2013년 아이폰을 산 후 인스타그램과 트위터에 작품을 올리기 시작했습니다. 인스타그램에서 그녀의 작품을 눈여겨본 뉴욕의 해프Hap 갤러리가 2014년 그녀에게 전시를 제안했습니다. 디에고 벨라스케스Diego Velázquez, 프란시스코 고야Francisco Goya, 에두아르 마네Édouard Manet, 제임스 앙소르James Ensor 같은 예술가들을 연상시키는 독특한 스타일과 상류층의 사치 문화를 주제로 한 섬뜩한 유머를 담은 그녀의 작업은 예술가 리처드 프린스Richard Prince의 눈길을 사로잡았고, 리처드 프린스는 그녀의 작품을 구입하여 화상 알마인 레흐에게 보여주었습니다.

2014년 여름 뉴욕에서 미국 데뷔전을 치른 그녀는 첫 번째 책《악마와 사랑을 나누다Making Love With the Devil》를 출간하고 2015년부터 알마인 레흐 갤러리에서 활동하고 있습니다. 알마인 레흐의 프로모션을 받게 된 제니브 피기스는 뉴욕, 런던, 홍콩을 비롯해 전 세계 컬렉터들이 작품을 사고 싶어 하는 작가 중 하나가 됐습니다.

베트남계 프랑스 화가 줄리 커티스Julie Curtis 또한 인스타그램을 통해 시장의 주목을 받게 된 작가입니다. 여성의 신체 일부, 곧게 뻗은 가르마 등을 주로 그리는데 2018년 4월 페로텡 서울 갤러리를 통해서도 소개된 적이 있죠. 뉴욕 카우스의 스튜디오에서 일하게 된 그녀의 작품 중 일부를 카우스가 자신의 인스타그램을 통해 공유, 홍보하면서 자연스럽게 카우스 작품의 컬렉터들이 그녀의 작품에 관심을 갖게 됐습니다. 그녀의 인스타그램 팔로워 수가 크게 증가하면서 자연스럽게 시장에서의 인기도 올라갔고, 그 결과 현재는 미술 시장에서 가장 수요가 많은 젊은 예술가 중 한 사람이 됐습니다.

2017년 첫 개인전을 가진 이후 이 젊은 작가의 작품 가격은 2년 만에 100배가 올랐습니다. 2019년 그녀의 1차 시장 가격은 약 2만 4,000달러였고, 2차 시장에서는 평균 25만~26만 달러 또는 그 이상에 팔리면서 1차 시장과 비교하면 10배가 넘게 상승했습니다.

이처럼 오늘날 인스타그램과 같은 소셜 미디어는 무명 예술가들이 팬을 확보해 갤러리에서 작품을 전시할 수 있는 시장 등용문 역할을 합니다. 현대 미술 시장은 쇼셜 미디어 외에도 미술에 대한 열정, 소프트 파워, 야망, 금융 투기, 패션, 마케팅, 쿨 헌팅 등 디지털 영역의 엄청난 영향력을 포함하여 많은 요소의 영향을 받고 있습니다.

# 투자와 투기 사이,
# 지속가능한 미술 시장

최근 미술품 경매 시장에서는 20~30대 동시대 젊은 예술가들의 작품가 급등이 자주 나타나곤 합니다. 이런 현상은 이들 작품의 수요가 공급보다 많아지면서 1차 시장에서 작품을 구하지 못한 컬렉터들이 2차 경매 시장에서 과열 비딩을 하기에 자연스럽게 나타나기도 하지만, 미술품 투기꾼들이 단기 수익을 노리고 특정 예술가의 작품가를 의도적으로 올리는 경우도 있습니다.

후자에 해당하는 투기적 성향의 컬렉터들은 젊은 예술가의 작품을 낮은 가격에 다량으로 구입한 후 자신이 인맥을 맺고 있는 컬렉터와 딜러, 셀럽 네트워크 그리고 페이스북과 인스타그램 같은 소셜 미디어를 이용해 예술가를 홍보합니다. 그러고는 2차 시장에서 그 예술가의 작품을 빠르게 순환시키며 작품가를 끌어올린 후 자신이 소유하고 있던 작품들을 처분하는 식으로 움직입니다.

# 젊은 추상 작가들과 스페큘렉터

2011년부터 2015년 사이 미술 시장에서 유행했던, 1980년 이후 출생한 젊은 추상 화가들의 붐이 좋은 사례입니다. 1960년대 추상 표현주의와 미니멀리즘을 연상시키는 이 젊은 추상 화가군을 미술 시장에서는 '좀비 형식주의Zombi Formalists'라고 불렀습니다. 과거 그린버그식 추상 표현주의가 아티스트의 제스처(행위)를 중시했다면, 좀비 형식주의라고 불리는 젊은 예술가들의 추상 작품은 다양한 요소가 혼합된 형태를 보였습니다. 그런데 이 젊은 추상화가들이 미술 시장에서 단기적으로 고수익을 얻으려는 전략적 투기꾼들의 타깃이 됐습니다.

'21세기 찰스 사치Charles Saatchi'라고 불리는 스테판 심초위츠Stefan Simchowitz를 중심으로 의기투합한 일련의 투기 세력 때문에 3~4년 동안 젊은 추상화가들의 시장이 급격히 과열됐습니다. 심초위츠가 2007년 수백만 원대에 사들였던 콜롬비아 출신 오스카 무리요Oscar Murillo의 작품 34점은 시장 가치가 2012년부터 2014년 사이 거의 3,000% 급등했습니다. 그리고 타우바 아우어바흐Tauba Auerbach도 그에게 높은 수익을 안겨주었습니다. 아우어바흐는 2010년부터 2013년까지 로스앤젤레스 MoCA의 감독이었던 제프리 데이치Jeffrey Deitch의 로스앤젤레스 갤러리에 스물다섯 살 때 합류했습니다. 이후 가고시안, 글래드스톤Gladstone, 폴라 쿠퍼Paula Cooper 등 영향력 있는 갤러리에서 전시하고, 2012년 뉴욕현대미술관에서 개인전까지 갖는 등 이른 나이에 메이저 갤러리와 미술계로부터 주목받은 작가입니다. 2014년 그녀의 작품들은 경매에서 100만 달러 이상에 거래됐습니다.

그러나 이들을 비롯하여 대다수 젊은 추상화가의 작품가는 단기간에 임계점에 도달한 듯했습니다. 시장이 붕괴하기 전 심초위츠는 미술 시장의 다음 큰 유행이 될 것으로 보이는 아프리카 미술로 방향을 틀었고, 당시 미술 시장에 유입됐던 미술품 투기꾼의 반은 미술품을 처분하고 암호화폐나 주식 같은 다른 투자 시장으로 옮겨갔습니다. 그 결과 미술 시장에서 이 젊은 추상화가들의 작품가는 빠른 속도로 하락하거나 재판매가 어려워지는 등 시장의 신뢰를 잃으며 거래 규모가 축소됐습니다. 시장에서 큰 주목을 받던 젊은 추상화가들은 입지를 회복하기 위해 오랫동안 고군분투해야 했습니다. 그들 중에서 살아남은 작가는 스털링 루비Sterling Ruby, 조 브래들리Joe Bradley, 타우바 아우어바흐, 코리 아크엔젤Cory Arcangel, 오스카 무리요 정도로 일부에 지나지 않으며 지금도 많은 작가가 자신의 시장을 회복하지 못하고 있습니다.

시장에서 젊은 예술가의 작품가가 단기간에 급등하면, 급등한 만큼 빠른 속도로 하락하는 펌프앤덤프pump and dump 패턴을 보이거나 거래가 뚝 끊겨버리는 경우가 종종 발생합니다. 아무리 메이저 갤러리에 영입되어 프로모션을 받고 있고, 미술계의 주목을 받는 작가라고 하더라도 한번 신뢰를 잃으면 제자리로 돌아오는 데 오랜 시간이 걸립니다. 심지어 영영 돌아오지 못할 수도 있습니다.

앞으로도 시장을 좌지우지하려는 투기적 컬렉터들과 이로부터 시장을 방어하고 패권을 유지하려는 미술 시장의 팽팽한 긴장 관계가 계속 반복될 것으로 보입니다.

---

**좀비 형식주의 예술가들**

스털링 루비(Sterling Ruby, 1972~)

안젤 오테로(Angel Otero, 1981~)

알렉스 이스라엘(Alex Israel, 1982~)

오스카 무리요(Oscar Murillo, 1986~)

조 브래들리(Joe Bradley, 1975~)

타우바 아우어바흐(Tauba Auerbach, 1981~)

---

# 스페큘렉터의 원조, 찰스 사치

20세기 후반, 미술 시장에 투기꾼과 컬렉터 사이 어디쯤에서 활동하는 스페큘렉터(Speculator + Collector)들이 등장했습니다. 그중 가장 유명세를 떨친 인물이 영국의 광고업자였던 찰스 사치였습니다. 1990년대 미술 시장에는 그가 컬렉팅한다거나 주목한다는 말만 돌아도 시장 가치가 오를 정도로 찰스 사치는 미술계와 미술 시장에서 영향력을 가진 컬렉터였습니다. 그래서 당시 수많은 갤러리가 자신이 관리하는 예술가의 작품을 그의 소장품 목록에 넣기 위해 판매 수수료와 이익을 포기한 채 사치에게 작품을 저렴한 가격에 앞다퉈 넘기기도 했습니다. 그가 작품을 소장하면 시장에서 그 작가의 작품 가격이 크게 상승하고 미술계의 주목을 받았기 때문에 갤러리나 예술가 입장에서는 남는 장사였습니다.

그러나 시간이 얼마 흐르지 않아 사치의 투기적 작품 거래들이 수면으로 떠오르면서 사치 컬렉션에 이름을 올렸던 예술가들의 시장이 교란되고 붕괴하는 일들이 발생했습니다. 은밀한 개인 거래를 기본으로 하는 미술 시장의 성격상 사치의 투기적 작품 거래는 한동안 감지되지 않았으나, 21세기로 들어선 후 경매를 통해 그의 투기 활동이 드러나기 시작했습니다. 사치가 자신이 소장한 작품들을 미술관 전시에 대여해주거나 자신이 직접 미술관급 전시 기획에 관여해 자신의 소장품을 선보인 후 그 작품들을 몇 달 후 경매에 내놓고 큰 수익을 얻는 수법을 반복한 것으로 밝혀졌습니다.

예를 들어 2005년 사치는 '회화의 승리'전을 기획했고, 이 전시에서 자신이 소장하고 있던 피터 도이그Peter Doig, 마르틴 키펜베르거Martin Kippenberger의 작품들을 선보였습니다. 그리고 몇 달 후에 이 작품들을 경매에 내놓아 큰 수익을 얻었습니다. 이후에도 경매 프리뷰가 몇 달 전 그가 기획했던 전시의 재탕을 보는 것처럼 느껴질 정도로 사치는 '구입 → 소장 → 전시 → 판매'를 빠르게 반복했습니다. 과거에 컬렉터들은 작품을 사면 보통 영구 소장하거나, 되판다고 하더라도 최소한 10년에서 20년 동안 보유한 후였습니다. 그런데 사치는 작품을 사고팔기를 짧게는 몇 달, 길어도 5년 안에 반복하면서 큰 수익을 냈습니다. 더욱이 한 작가의 작품을 시장에 다량으로 내놓으면서 이들 예술가 시장에 혼란을 일으켰습니다.

이런 경험이 있기에 이제 미술 시장과 예술가들은 스페큘렉터들을 경계합니다. 갤러리가 리세일 금지 조항을 내거는 이유 또한 자신이 프로모션하는 예술가의 시장을 스페큘렉터로부터 지키기 위해서입니다. 그런데 안타깝게도, 사치 이후 전 세계 미술 시장에는 수많은 스페큘렉터가 출현하고 있습니다. 뉴욕 기반 헤지펀드 매니저들이 사치와 유사한 패턴으로 미술 시장에서 빠른 주기로 미술품 사고팔기를 반복하는 등 다양한 지역에서 막대한 자본을 기반으로 움직이는 스페큘렉터들이 점점 더 많아지고 있습니다.

## 여전히 안전한 블루칩 작가 선호

20~30대 예술가들의 작품가가 급등하고 동시대 미술 시장의 규모가 커지고 있지만, 여전히 미술 시장 한편에서는 안전한 블루칩 작가를 선호하는 경향이 지속되고 있습니다. 미술 정보 회사 아트프라이스가 해마다 조사한 바에 따르면, 지난 5년 동안 2차 시장에서 거래량과 거래총액이 가장 많았던 예술가는 파블로 피카소였고, 2000년 이래로 지난 20년 합산 거래량과 거래총액이 가장 많았던 예술가는 장미셸 바스키아였습니다. 그리고 2022년 프랑스 경매 낙찰 최고가 1위는 알베르토 자코메티, 3위는 미켈란젤로Michelangelo Buonarroti가 올랐습니다.

2017년 레오나르도 다빈치의 작품 〈살바토르 문디Salvator Mundi〉가 시장에 등장했을 때는 역대 최고가 5,343억 원을 기록했고, 2022년 5월 워홀의 작품 〈마릴린 먼로〉는 뉴욕 크리스티 경매에서 2,500억 원에 팔렸습니다. 2019년 프랑스 인상파 화가 클로드 모네의 대표작인 〈건초더미Wheatstack〉 연작 25개 중 한 작품이 뉴욕 소더비 경매에 출품돼 약 1,436억 원에 낙찰됐는데요. 1986년 뉴욕 크리스티 경매에서 약 30억 원에 팔렸다가 다시 경매에 등장한 작품으로, 33년 만에 가치가 무려 44배나 뛴 것입니다.

데이비드 호크니는 2018년 크리스티 경매에서 〈예술가의 초상〉을 1,171억 원에 낙찰시켜 생존 작가 최고가를 기록했고, 2019년에는 제프 쿤스의 〈토끼〉 조각품이 크리스티 경매에서 1,189억 원에 낙찰되어 데이비드 호크니의 기록을 경신하기도 했습니다. 그리고 지난 20년간 파블로 피카소와 앤드 위홀은 2차 시장 거래 랭킹 10위 밖으로 밀려난 적이 한 번도 없습니다.

한국 미술 시장 경매 최고가 10점 중 8점은 한국 미술품 최고가 기록을 가지고 있는 김환기입니다. 소재마다 가격대가 광범위한 김환기의 경매 낙찰률이나 낙찰가가, 상대적으로 인지도가 낮은 예술가의 캔버스 작품보다 인기인 것만 봐도 시장이 블루칩 작가를 선호한다는 사실을 확인할 수 있습니다. 주식 시장에서 삼성전자 같은 우량주를 선호하고, 부동산에서 강남이라는 입지를 선호하는 것과 유사한 심리가 미술 시장에서도 적용되고 있습니다.

**2021년 경매 거래량 및 낙찰 총액 탑 10**　　　　　　(출처: 아트프라이스닷컴 참고)

| No | 작가 | 매출 총액 | 거래량 | 기록가 |
|----|------|-----------|--------|--------|
| 1 | 파블로 피카소<br>Pablo Picasso | $671,536,198 | 3462 | $103,410,000 |
| 2 | 살바도르 달리<br>Salvador Dali | $23,977,621 | 2387 | $10,719,900 |
| 3 | 엔디 위홀<br>Andy Warhol | $348,348,146 | 1591 | $47,373,000 |
| 4 | 호안 미로<br>Joan Miro | $69,474,003 | 1489 | $14,082,984 |
| 5 | 카우스<br>KAWS | $31,355,615 | 1469 | $1,542,500 |

| No | 작가 | 매출 총액 | 거래량 | 기록가 |
|---|---|---|---|---|
| 6 | 무라카미 다카시<br>Takashi Murakami | $19,901,668 | 1468 | $6,080,000 |
| 7 | 마르크 샤갈<br>Marc Chagall | $79,204,550 | 1467 | $6,238,800 |
| 8 | 뱅크시<br>Banksy | $205,850,311 | 1186 | $25,426,401 |
| 9 | 셰퍼드 페어리<br>Shepard Fairey | $1,182,019 | 1141 | $94,500 |
| 10 | 빅토르 바자렐리<br>Victor Vasarely | $10,463,223 | 990 | $520,976 |

## 2000년 이후 한국 미술 시장

2000년 이래로 한국 미술 시장은 세 번의 호황기를 누렸습니다. 2005년부터 2008년, 2014년부터 2017년 그리고 2021년에서 2022년입니다. 그런데 각 호황기의 성격이 조금씩 달랐습니다.

2005~2008년 국내 미술 시장의 열풍을 주도한 것은 김환기, 이우환, 박수근, 이중섭, 천경자, 김종학, 오치균, 김창열, 장욱진을 포함한 근대 작가들이었습니다. 그리고 팝적인 스타일의 작업을 하는 미술대학을 갓 졸업한 신진 예술가들과 극사실주의적인 작업을 하는 예술가들도 있었죠. 젊은 예술가들이 시장의 주목을 받은 것은 당시 글로벌

미술 시장의 분위기와 관련이 있습니다. 당시 세계 미술 시장에서는 파격적인 작업으로 미술계에 센세이션을 일으킨 영국 기반 젊은 예술가들YBAs과 독일 라이프니츠 학파, 중국 미술 시장의 폭발적인 확장과 함께 떠오른 중국 동시대 작가들이 인기를 끌었습니다. 국내 미술 시장에도 그 영향이 미쳤습니다.

그러나 한국 미술 시장의 호황은 미국발 금융위기로 세계 미술 시장의 상승세가 무너지면서 함께 끝났습니다. 젊은 작가들이 시장을 주도하던 분위기는 2007년 정점을 찍고 2008년에 들어서자 주춤하더니 2008년 8월 금융위기를 맞이하면서 급격하게 식어버렸습니다. 해외 주요 미술 시장은 2년 만인 2011년에 상승세로 돌아섰지만, 한국 미술 시장은 좀처럼 회복되지 못하고 2013년 말까지 침체가 이어졌습니다.

침체기라고 해서 모든 예술가의 작품가가 하락하거나 거래량이 감소한 것은 아닙니다. 이 시기에도 김창열, 쿠사마 야요이, 이우환 같은 작가는 꾸준히 견고한 시장을 유지했습니다. 특히 2013년에는 한국 미술 시장이 불황이었음에도 전 세계 전시 투어와 루이비통과의 콜라보로 주목받던 일본 작가 쿠사마 야요이에 대한 관심이 유난히 뜨거웠습니다.

한국 미술 시장에 다시 봄이 온 것은 2013년 말입니다. 2012년 국립현대미술관 단색화 전시를 필두로 국내외 비엔날레, 미술관, 주요 갤러리에서 단색화 또는 단색화 작가들 개개인의 미술사적 가치를 조명하는 전시들이 개최됐습니다. 국내외 컬렉터들의 주목을 받게 된 단색화 작가들의 작품은 2013년 말부터 국내외 그림 시장의 뜨거운 러브콜을 받았죠. 아트바젤, 프리즈 같은 해외 주요 아트페어에 출품된 단색화 작가들의 작품들이 모두 팔렸고 크리스티, 소더비, 서울옥션, 케이옥션 같은 국내외 주요 경매에 출품된 작품들도 열띤 경쟁 속에 낙찰됐습니다. 단색화 열풍이 피크였던 2016년에는 1년 사이에 가격이 최고 10배까지 뛰기도 했습니다. 이런 단색화 열풍은 2017년까지 국내 미술 시장을 지배했습니다.

이후 국내 미술 시장이 주춤하기 시작합니다. 공식적인 갤러리 작품가는 호황기와 비교해 변화가 없었지만 2차 시장에서는 고점 대비 낮은 가격에 거래되는 작품들이 하나둘씩 나타났습니다. 전체적으로 단색화 작품의 가격은 보합을 유지하거나 이전보다 낮은 가격에 거래됐으며, 호황기에 구하기 어려웠던 작품들을 구하기가 쉬워졌습니다. 그러나 두 번째 붐이 사그라진 이후에도 여전히 한국 미술 시장에서는 단색화 거래가 큰 비중을 차지했습니다. 단색화 작가의 작품을 사려는 신규 수요는 계속 늘었고, 국내외 주요 갤러리와 아트페어, 미술관을 통해 단색화 작가들이 꾸준히 소개됐습니다.

2021년 세 번째 붐에 진입한 한국 미술 시장에서 가장 먼저 가격 상승을 보인 것은 박서보, 김창열, 이우환, 윤형근 같은 단색화 작가들의 작품이었습니다. 단색화에 이어 한국 미술 시장을 이끌어가며, 미술사적으로 중요하지만 시장에서 여전히 저평가된 작가군에 대한 관심 또한 높아졌습니다. 심문섭, 이배, 이건용, 김구림 같은 작가가 이런 기대를 중심으로 부상했습니다. 물론 그 가운데 미학적 · 미술사적인 평가와 별개로 팝적인 작업으로 대중의 관심을 받으며 작품 거래와 작품가 상승이 활발한 몇몇 작가의 움직임도 눈에 띄었습니다.

이와 같은 유행은 미술품 시장의 호황기에 항상 나타납니다. 이 중 다수는 이번 붐이 사그라지면서 시장 가치도 소멸할 수 있겠지요. 그러나 단색화처럼 미학적 · 미술사적 가치를 인정받으면서 미술 시장의 주목까지 받았던 예술가들의 작품은 앞으로도 미술 시장이 호황을 맞이할 때마다 주목을 받을 가능성이 큽니다. 시간이 지난다고 해서 이들의 미술사적 가치가 사라지지 않습니다. 앞으로 미술 시장에 새롭게 진입하는 컬렉터들이 미술 시장을 제대로 이해하고 있다면 가장 먼저 컬렉션하고 싶어 하는 작가군이 될 것이기 때문입니다.

---

**컬렉터가 꼭 알아야 할 한국 대표 작가**

김구림(1936~)

김종학(1937~)

김창열(1929~2021)

김환기(1913~1974)

박서보(1931~)

백남준(1932~2006)

서도호(1962~)

심문섭(1943~)

양혜규(1971~)

유영국(1916~2002)

윤형근(1928~2007)

이강소(1943~)

이건용(1947~)

이배(1956~)

이불(1964~)

이승조(1941~1990)

이우환(1936~)

전광영(1944~)

정상화(1932~)

정창섭(1927~2011)

최병소(1943~)

최욱경(1940~1985)

하종현(1935~)

## 유행과 사조를 구분하는 법

마지막으로 시장 동향과 미술 사조를 읽어내는 방법 몇 가지를 소개
하겠습니다. 과거를 기반으로 가치를 평가하는 미술 시장에서 한번 블
루칩이 된 예술가는 지속해서 블루칩으로 남아 있을 확률이 높습니다.
그런데 미술 시장에도 주기가 있고, 그때마다 유입되는 컬렉터와 소비
자의 성향이 다르기 때문에 시기별로 시장을 주도하는 사조에 변화가
생기기 마련입니다.

여기서 말하는 사조는 일시적인 유행과는 구별됩니다. 예컨대 유행이라면 호황기 미술 시장에서 인기, 즉 수요의 힘으로만 상승한다는 의미이고, 호황이 끝나면 수요가 사라질 가능성이 큽니다. 그에 비해 사조는 시대정신을 반영하는 것으로 향후 미술사의 한 장면을 써 내려 갈 수 있는 예술가군, 경향, 운동을 의미합니다. 쉽게 말하면 인상주의, 표현주의, 초현실주의, 팝아트, 미니멀리즘, 여성 예술가와 블랙 아티스트의 약진 같은 것을 말합니다.

물론 시장의 유행과 역사에 획을 그을 사조를 구분하는 건 쉽지 않은 일입니다. 그럼에도 미술 시장을 제대로 이해하고 성공적인 동시대 미술 컬렉션을 하고 싶다면, 다음의 가이드를 바탕으로 크로스 체크하면서 미술사와 미술 시장에서 지속적으로 인기를 누릴 예술가가 누구인지 찾아보는 습관을 가지면 좋겠습니다.

- 주요 미술관의 전시 작가와 비엔날레 참여 작가를 살펴봅니다.
- 주요 미술관과 파워 컬렉터의 소장품 리스트를 살펴봅니다.
- 경매와 아트페어를 통해 꾸준히 소개되는 작가인지 확인합니다.
- 경매 출품작과 경매 낙찰 기록을 체크해 2차 시장의 수요를 확인합니다.
- 메이저 갤러리의 프로모션을 받는 전속 작가 리스트를 체크합니다.
- 명품과 패션 브랜드와 콜라보하는 예술가를 눈여겨봅니다.
- 시장 조정기에도 2차 시장에서 안정적인 그림가를 유지하는 작가

인지 확인합니다.

이상의 정보는 각 기관의 홈페이지나 시장 관련 뉴스를 제공하는 미술 정보 사이트를 통해 확인할 수 있습니다.

**온라인 미술 정보 제공 사이트**

달진닷컴 daljin.com

아트넷 news.artnet.com

아트뉴스 artnews.com

아트뉴스페이퍼 theartnewspaper.com

아트바젤&UBS artbasel.com

아트팩트 artfacts.net

아트프라이스닷컴 artprice.com

아트허브 arthub.co.kr

오큘라 ocula.com

최근 몇 년 사이 미술 시장에는 돈이 많은 자산가가 아니어도 미술품을 컬렉션하고, 여가를 활용해 갤러리와 아트페어, 경매장을 찾는 사람들이 부쩍 늘었습니다. 특히 MZ세대라고 일컬어지는 20~30대의 미술 시장 유입이 주목할 만합니다. 개인의 심미적 즐거움과 정신적 풍요를 누릴 수 있음과 동시에 재테크도 할 수 있는 미술품 컬렉션의 매력이 MZ세대의 코드와 취향을 저격했기 때문입니다. 이제 미술 시장도 주식이나 부동산 시장처럼 누구나 한 번쯤 관심을 가져보고 누구나 마음먹으면 참여할 수 있다는 인식이 젊은 세대를 중심으로 보편화되고 있습니다.

　그러나 미술 시장이 처음인 분이라면 실제 미술 시장 진입도, 미술품 컬렉팅도 쉽지 않다고 느꼈을 것입니다. 막상 작품을 구입하려 해도 어디서 누구한테 사는 게 좋은지, 어떤 작품을 사야 하는지, 사고 싶은 작품이 있는데도 왜 살 수 없는지, 작품의 가격은 어떻게 매겨지는지, 작품을 사고팔 때 어떤 것을 살펴봐야 하는지, 작품 보관은 어떻게 해야 하는지, 미술품의 가치는 어떻게 평가해야 하는지 등 궁금한 것이 한두 가지가 아니죠. 미술 시장의 많은 것이 우리에게 익숙한 주식이나 부동산 시장과 많이 다르고 폐쇄적이기 때문입니다.

그래서 저는 이 책을 통해 미술 시장에 입문하기를 원하거나 실제 미술품 컬렉팅을 체계적으로 하고 싶어 하는 분들에게 현실적으로 도움이 될 수 있는 미술 시장에 대한 상식과 미술품 거래 노하우, 경험 많은 컬렉터의 컬렉팅 원칙을 최대한 자세하게 공유하려고 했습니다.

미술품 컬렉팅은 돈에 고귀한 가치를 부여하는 인류가 발명한 가장 아름다운 투자입니다. 컬렉션을 하는 과정에서 컬렉터들은 심미적 즐거움과 정서적·물질적 풍요를 경험할 수 있고, 컬렉팅 행위는 의도했든 아니든 예술가가 창작 활동을 지속할 수 있도록 동력을 제공하는 실질적인 후원의 한 형태이기 때문입니다. 더 많은 사람이 미술 시장을 제대로 이해하고 미술품 컬렉터로서 즐거움과 풍요로움을 만끽하는 데 이 책이 조금이나마 도움이 되길 바랍니다.

2013년 시행된 미술품 양도 관련 소득세법

소득세법 제21조(기타소득)

① 기타소득은 이자소득·배당소득·사업소득·근로소득·연금소득·퇴직소득 및 양도소득 외의 소득으로서 다음 각호에서 규정하는 것으로 한다.

② 제1항 및 제19조 제1항 제21호에도 불구하고 대통령령으로 정하는 서화(書畵)·골동품의 양도로 발생하는 소득(사업장을 갖추는 등 대통령령으로 정하는 경우에 발생하는 소득은 제외한다)은 기타소득으로 한다. 〈신설 2020. 12. 29.〉

25. 대통령령으로 정하는 서화(書畵)·골동품의 양도로 발생하는 소득

참고 자료 〈소득세법 시행령〉

제41조(기타소득의 범위 등)

12. 법 제21조 제1항 제25호에서 "대통령령으로 정하는 서화(書畵)·골동품"이란 다음 각호의 어느 하나에 해당하는 것으로서 개당·점당 또는 조(2개 이상이 함께 사용되는 물품으로서 통상 짝을 이루어 거래되는 것을 말한다)

당 양도 가격이 6,000만 원 이상인 것을 말한다. 다만, 양도일 현재 생존해 있는 국내 원작자의 작품은 제외한다. 〈신설 2009.2.4, 2010.2.18, 2010.12.30〉

1. 서화·골동품 중 다음 각목의 어느 하나에 해당하는 것

　　가. 회화, 데생, 파스텔(손으로 그린 것에 한정하며, 도안과 장식한 가공품은 제외한다) 및 콜라주와 이와 유사한 장식판

　　나. 오리지널 판화·인쇄화 및 석판화

　　다. 골동품(제작 후 100년을 넘은 것에 한정한다)

2. 제1호의 서화·골동품 외에 역사상·예술상 가치가 있는 서화·골동품으로서 기획재정부 장관이 문화체육관광부 장관과 협의하여 기획재정부령으로 정하는 것

[제목개정 2007.2.28]


제87조(기타소득의 필요경비계산) 법 제37조 제2항 제2호에서 "대통령령으로 정하는 경우"란 다음 각호의 어느 하나를 말한다.

2. 법 제21조 제1항 제25호의 기타소득에 대해서는 거주자가 받은 금액의 100분의 80(서화·골동품의 보유 기간이 10년 이상인 경우에는 100분의 90)에 상당하는 금액을 필요경비로 한다. 다만, 실제 소요된 필요경비가 100분의 80(서화·골동품의 보유 기간이 10년 이상인 경우에는 100분의 90)에 상당하는 금액을 초과하면 그 초과하는 금액도 필요경비에 산입한다.

[전문개정 2010.12.30]

# 인명 찾아보기